2016～2017

全球投资市场蓝皮书

2016-2017 GLOBAL INVESTMENT MARKETS BLUE BOOK

上册 · 金融投资

FX168金融研究院　编

上海财经大学出版社

图书在版编目(CIP)数据

2016～2017全球投资市场蓝皮书/FX168金融研究院编.—上海：上海财经大学出版社，2017.3

ISBN 978-7-5642-2688-6/F.2688

Ⅰ.①2… Ⅱ.①F… Ⅲ.①金融投资—金融市场—研究报告—世界—2016～2017 Ⅳ.①F831.5

中国版本图书馆CIP数据核字(2017)第043778号

□ 责任编辑 石兴凤
□ 封面设计 JUN Studio

2016~2017 QUANQIU TOUZI SHICHAHG LANPISHU

2016~2017全球投资市场蓝皮书

上册·金融投资

FX168金融研究院 编

上海财经大学出版社出版发行
(上海市武东路321号乙 邮编200434)
网 址：http://www.sufep.com
电子邮箱：webmaster@sufep.com
全国新华书店经销
上海景条印刷有限公司印刷装订
2017年3月第1版 2017年3月第1次印刷

889mm×1194mm 1/16 7.5印张 154千字
定价：168.00元

编者的话

《2016～2017全球投资市场蓝皮书》是FX168金融研究院制作的第二本蓝皮书。

2015年我们做了第一次的尝试，收到了很多用户的反馈，在此基础上，我们认真地思考，不断地摸索。

鉴于海外房产投资是一个很大的课题，因此，在2016年蓝皮书大纲设计的过程中，我们将海外房产投资单独成册。整个蓝皮书的内容分成上、下两册，上册是金融投资，下册是房产投资。

相应地，我们的制作团队也分成两个团队：一个团队负责金融投资的内容制作，一个团队负责海外房产投资的内容制作。同时，由于我们涉及的内容主要偏向海外市场，鉴于素材获得的难易程度以及身处当地市场的敏感度等因素的考量，因此，制作团队除了上海本部的研究人员，还包括香港、伦敦、北美等海外办公室的研究团队。

在海外房产投资部分，我们主要从宜居及投资等方面对国际各主要城市做了评述，同时也对各城市房产买卖的税费、贷款等政策做了介绍，希望藉由此书可以给有意向购买海外房产的同胞们一些

借鉴。

在金融投资部分，考虑到要兼顾资产配置与交易这两方面的需求，因此，既涉及各主要经济体的发展情况，也覆盖各个金融要素品种的表现情况。

之所以制作全球投资市场蓝皮书，我们的初衷是想了解世界经济运行的内在规律，从而摸清经济运行的轨迹，避开各种投资“地雷”，抓住每个实现财富自由的机会。

当然，我们非常清楚地知道，这个初衷很大，也很理想化。但是我们仍然以此作为我们的目标，一年一年地朝之努力。

我们现在还做不到“庖丁解牛”，也许只是“盲人摸象”，但是我们力求，摸到的部分是真实的、可信的。

FX168金融研究院

2017年1月25日

序言

投资是一项与不确定性相伴的事业。研究表明，构建一个成功的投资组合，85%取决于资产配置，10%取决于选股能力，还有5%取决于运气。由此可见，资产配置，尤其是在全球范围内进行资产配置，是国内投资者财富保值增值的主要途径。但对于国内普通投资者来说，把资产进行全球配置谈何容易，首要前提是要预判主要国家政治、经济与金融发展的大势。

2017年是大家公认的不确定性最高的一年。坏消息是，2016年，唐纳德·特朗普（Donald Trump）当选美国总统以及英国脱欧可谓现代政治史上两件最大的"黑天鹅"事件。2017年，此类"黑天鹅"事件仍将频发。这表明，在当今市场中，遭遇的风险远比获得回报的可能性更高。好消息是，2016年全球经济增长是2008年金融危机以来最坏的年份，世界银行预测2017年全球经济增长将在2.7%以上，全球经济似乎已经回到复苏的轨道上来了，这为投资回报提供了可能性。

分散投资与适当对冲是应对不确定性的两个

重要策略。如果世界经济的全球化程度下降，那么投资组合必须进一步分散，要更加全球化。同时，由于美元已经处于加息周期，全球各类金融资产之间的相关性也将重新下降，利用不同资产的负相关性进行适当对冲，也是获取稳定回报的重要手段。

FX168金融研究院编撰《全球投资市场蓝皮书》的初衷，就是为读者提供一本了解世界各国经济运行、金融市场以及房产市场发展变化的指南。该书对2016年全球经济及主要金融市场进行了详细回顾，展望了2017年全球经济与投资地图。更有价值的是，该书还通过主要四个指标对海外房产市场进行了详细的分析与评分，为国内投资者提供了指引。

未来不是过去的简单延续。不确定性不全是风险，同时也是机遇。机遇总是垂青于有准备的人，阅读《全球投资市场蓝皮书》让您有备无患。

刘文财 博士
上海财经大学金融学院客座教授
中国绝对收益协会理事
2017年2月13日

第1部分　2016年全球经济及主要金融市场回顾

第2部分　2017年市场展望及投资地图

第1部分

2016年全球经济及主要金融市场回顾

（一） 2016年全球经济回顾

1. 全球经济简述：增速放缓　复苏初现

2016年，全球经济增速较2015年有所放缓，发达经济体增长格局出现分化，新兴市场和发展中经济体整体增速逐渐企稳。世界经济继续深度调整，各类变化带来的风险也在提升。一年中，国际贸易增速持续低迷。全球资本流动加剧，大宗商品价格受资本流动影响回升但起伏波动较大。在2016年年末，全球各大经济体都出现复苏的迹象。

根据Markit公司发布的经济指标来看，中国Markit综合采购经理人指数在2016年底攀升至53.5点，创下过去45个月以来的最高水平；欧元区Markit综合采购经理人指数达到54.4，创下过去67个月以来的最高水平；欧盟成员国中，德国的综合采购经理人指数上升至过去3年以来的最高水平，法国的经济表现也达到过去69个月的新高；英国2016年12月制造业采购经理人指数上升至56.1，创下过去30个月以来的新高；日本最新的制造业采购经理人指数也达到52.4，创下过去12个月以来的最高水平。

尽管此前能源市场价格对经济发展产生较大冲击，但是加拿大经济已经出现走出衰退的迹象。2016年12月，加拿大就业人数比上年同期增长0.3%，第四季度中加拿大新增10.8万个就业岗位，创下2010年第二季度以来的最大增幅。

2. 货币政策：经济复苏的差异导致发达经济体的货币政策分化

经济复苏的差异，导致美、欧、日等发达经济体的货币政策分化。得益于国际金融危机后实施大规模的财政、货币“双宽松”政策，美国经济在全球主要发达经济体中率先复苏，就业增长强劲。为避免复苏过程中流动性过度泛滥、经济泡沫过快膨胀，美联储于2015年12月启动9年来首次加息。

与此同时，日、欧等发达经济体仍面临通缩困境，经济持续在零通胀和通缩之间徘徊。为提振经济，日本央行实施负利率政策；2016年3月，欧洲央行宣布进一步降息的同时，扩大每月资产购买规模至800亿欧元；2016年8月4日，在7年来首次降息的同时，英国央行还重启债券购买计划和银行资助方案，以缓冲即将出现的由脱欧引发的经济低迷。

伴随着美联储货币政策与其他发达经济体的反向而行，资金开始从日本、欧洲加快流向美国。这又迫使日、欧等发达经济体采取更为宽松的货币政策以补充流动性。

欧洲央行行长德拉吉表示，量化宽松计划将延续到2017年12月。2017年还将向欧元区注资7 800亿欧元。此外，利率也将继续维持历史最低水平。

3. 政治方面：太多的政治意外

（1）英国脱欧：2016年最令人震惊的事件。

2016年6月23日英国全民公投决定脱离欧盟。英国脱欧谈判将于2017年3月底前开始。脱离单一市场的成本将是显著的。特雷莎·梅领导的英国政府预计，公共债务和通货膨胀将扶摇直上。

（2）特朗普当选：政策的不确定性。

2016年11月9日，共和党候选人唐纳德·特朗普在美国总统大选中获胜。未来美国政策各个方面的不确定性为其他许多主权国家创造了不确定性，奥巴马政府力推的跨太平洋伙伴关系协定（TPP）胎死腹中，全球一体化受到前所未有的挑战。

（3）意大利修宪公投失败：欧洲只剩半条命？

2016年12月4日，意大利就修改宪法举行全民公投，主要涉及政体改革，包括削弱参议院权力，如减少席位、取消参议员普选，以及把地方政府的一些决策权收归中央等。结果显示，意大利修宪公投反对票超过赞成票，修宪被否决已成定局。意大利总理伦齐5日宣布辞职。

（4）欧盟深陷危机：两极化的巨大挑战。

欧洲各国反建制派受到民众前所未有的支持，如意大利的五星运动、法国的民主阵线、德国的新选择党、英国的独立党、西班牙的“我们能”党、奥地利的自由党等，均是两极化的表现。目前这些国家执政党面临的挑战远超2007～2010年次贷危机后的影响。这不仅严重影响各国经济发展，更波及欧盟体系、欧元货币和欧洲统一大市场。欧盟正在为应对英国脱欧、民粹主义和极右翼势力抬头、难民危机以及充满不确定性的大选寻找出路。

（二）2016年全球股票市场表现

2016年全球股市震荡上扬，从摩根士丹利所有国家全球指数（MSCI ACWI）来看，年内收益率为7.86%，高于2015年的−2.36%，但仍低于13年来9.93%的平均值（见图1）。这显示出2015年的跌势在2016年得以脚步不快但稳定的扭转。

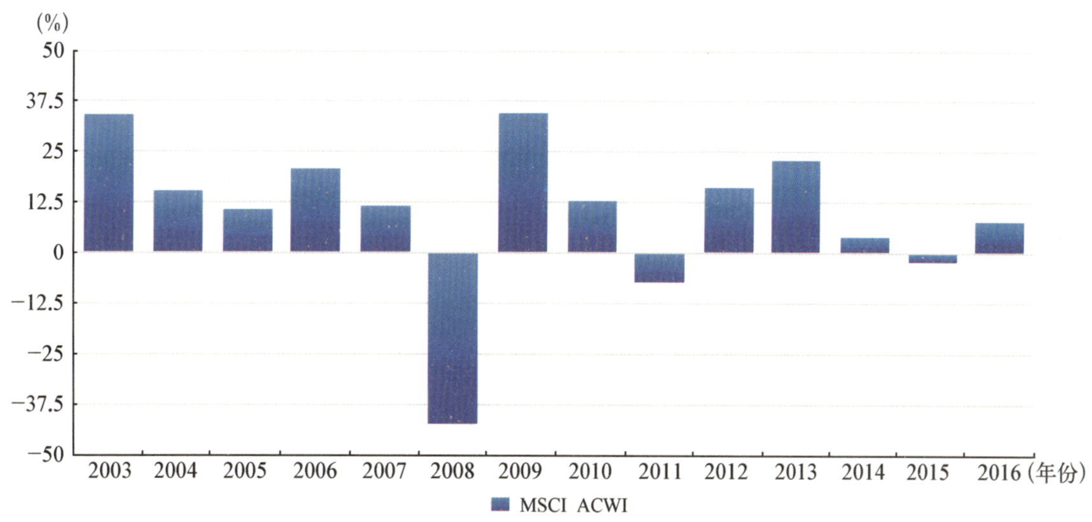

图1　摩根士丹利所有国家全球指数年度增长率（2003～2016年）

从宏观来看，全球经济增长虽然依旧缓慢，但过去数年来的颓势已见消散，同时各大央行仍维持低利率以期刺激经济，这些基本面的支撑对股市的增长都不可或缺。另外，2016年也发生了以英国公投决定脱离欧盟、特朗普当选美国总统为首的众多令市场意外的“黑天鹅”事件，造成了股票市场的波动和以地缘政治为主题的行情。

由表1可以看出，美国在2016年经济增长强劲。中国也稳步前行。英国经济不惧退欧公投的负面影响，表现良好。欧盟进入经济复苏周期。日本经济也开始显现出回升迹象。

另一方面，2016年股票市场的整体涨势中，低利率环境也是一个不可忽略的重要因素。

表1　2016年全球主要经济体GDP增长率　　单位:%

GDP增长率(环比)	一季度	二季度	三季度	四季度	2016年
美　国	0.8	1.4	3.5	1.9	1.6
中　国	1.3	1.9	1.8	1.7	6.8
欧　盟	0.5	0.4	0.4	0.4	1.7
英　国	0.3	0.6	0.6	0.6	2.2
日　本	0.7	0.5	0.3	0.2	1.0

虽然年内四大央行几乎都有所动作,但从长期历史平均水平来看,总体基调还是超低利率。

目前全球四大央行的利率水平如下:

- 美联储:0.75%;
- 欧洲央行:0;
- 英国央行:0.25%;
- 日本央行:−0.10%。

自金融危机以来各大央行纷纷实行低利率以刺激经济,降低借款成本以期鼓励企业投资。同时超低的利息令投资者更多转向股票市场以寻求较高的回报。但超低利率也具有隐忧,比如低贷款成本是否真的能够被切实实行。市场走向有可能反其道而行之。银行有可能由于高风险环境而收紧贷款政策,债券收益率也可能因为遭遇抛售而升高。日本“丢失的十年”就是例证之一。同时低利率环境令银行业困境重重,银行股由此低迷不振。

1. 2016年全球股市走势:惨淡开场　亮眼收官

摩根士丹利所有国家全球指数在2016年的数据显示,以月度收益率标准方差计算的风险波动为2.65%。

2016年内股市动态的脉络如下:

1月份,石油价格下跌、亚洲市场资产价值下降以及美国进入经济衰退的风险都令市场担忧不已。全球市场惨淡开场。

3月份,全球主要央行都因不确定的经济环境而面临更大的压力。当时在英国即将举行脱欧公投的阴云下,英国央行态度更加谨慎,欧洲央行则降息并扩大量化宽松计划。同时降息的央行还包括中国和日本。美联储延迟升息决议。而投资者却重拾冷静,对风险的预期避免了此前的恐慌。虽然对经济增长预期仍然悲观,但股市开始反弹。

5月份,随着2016年几乎过半,年内最重大的两大政治风险开始显现:如果特朗普当选美国总统,那么美国的进口关税将大幅提高,全球贸易受累,并推升通胀;若英国投票退出欧盟,将可能引发整个欧洲的反欧盟情绪,造成极大的不确定性以及由企业暂缓重大投资

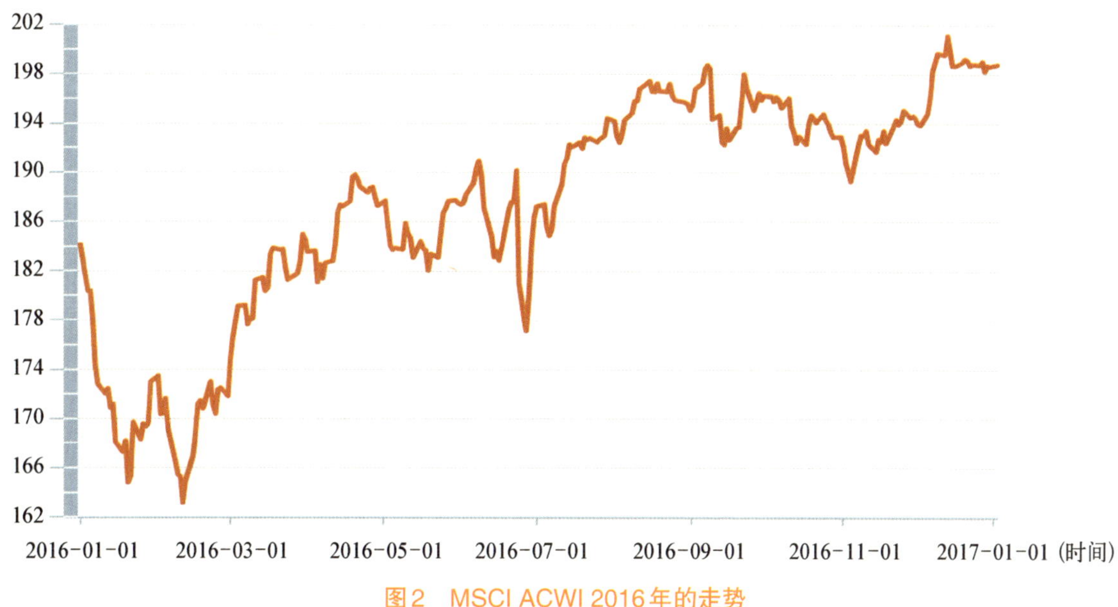

图2　MSCI ACWI 2016年的走势

决策造成的经济增长放缓。而当时的市场环境是：日本和美国经济增长趋弱，对新兴市场的担忧持续，大宗商品价格波动。

6月份，英国公投以51.9%∶48.1%的多数票决定退出欧盟，导致了其对可能引发其他欧盟国家也举行类似公投的“多米诺骨牌效应”的担忧。同时由此造成放缓的企业投资和家庭消费，以及英镑贬值推升进口价格进而推升整体通胀，都让英国经济蒙上阴影。

8月份，尽管警告之声不断，市场却甩开英国脱欧阴云，开始大步前进。投资者虽然对年初各大央行货币政策的失败表示失望，但仍寄希望于流动性的注入以及央行的其他举措，从而驱动风险资产。这使得市场的涨跌更加依赖于流动性注入。

9月份，新兴市场表现活跃。“金砖四国”貌似开始摆脱困境。巴西脱离年初的踯躅不前，更多的数据表明其经济开始复苏；俄罗斯的经济前景也显示出逐步恢复的迹象，而油价的下跌对其而言在某种程度上还是可以承受的；印度扫除了经济发展的又一障碍，最终通过统一商品服务税，从而提高利于投资、增长和税收的有效性；中国则收获了好于预期的一季度及二季度的经济增长。

10月份，步英国脱欧之后尘，前期民意调查再次失效，美国总统大选中特朗普的意外胜出占据了全球各大媒体头条。而这次股市在初期下挫后以更加轻快的脚步回弹并上扬。

12月份，美联储终于宣布加息，然而其比预期更加鹰派的态度令市场震动。股市尤其是美股再度受挫。但随后由新当选的美国总统在竞选时所承诺的包括增加建设基础设施支出和降低税收在内的刺激性财政政策引发了所谓的“特朗普效应”，美股和英股股指相继突破了历史纪录。

2. 发达国家股票市场：全面正收益　英国股市表现出色

基准指数：包含全球23个发达市场的摩根士丹利世界指数（MSCI World）2016年的收益率和以标准方差衡量的风险波动分别为7.51%和2.87%。

（1）美国

关键词：特朗普当选、美联储升息

图3　2016年MSCI World的表现

图4　美国三大股指2016年表现

作为发达市场最大的构成成分（MSCI World指数中美国市场占54%），美国股市的走向基本与发达市场整体同步。

从美国的三大股指来看：

纳斯达克指数：反映纳斯达克证券市场行情变化。作为全球最大的证券交易市场之一，

在纳斯达克的上市公司主要由美国的数百家发展最快的先进技术、电信和生物公司组成，包括微软、英特尔、美国在线、雅虎这些家喻户晓的高科技公司，因而成为美国"新经济"的代名词。

道琼斯指数：选择行业内最具代表性的65只股票，组成了目前世界上影响最大、最具权威性的股票指数。

标普500指数：作为道琼斯指数之后的全美第二大指数，与道琼斯指数相比，其包含的公司更多，因此风险更为分散，能够反映更广泛的市场变化。此外，相较于道琼斯指数采取股价加权，标普500指数则采用市值加权，更能反映公司股票在股市上实际的重要性。

作为全球最大的股票市场，美国股市在2016年的表现不失为"领头羊"之风。三大股指的收益率均大于基准指数，道琼斯指数和标普500指数的波动风险还小于基准指数（见表2）。

表2　2016年纳斯达克指数、道琼斯指数和标普500指数的表现

单位：%

	纳斯达克指数	道琼斯指数	标普500指数	基准指数
年度收益率	9.79	15.24	11.24	7.51
波动风险	3.45	2.73	2.34	2.87
最大跌幅	−5.90（1月）	−3.98（1月）	−3.60（1月）	−5.98（1月）
最大涨幅	6.16（7月）	6.02（11月）	4.12（11月）	4.88（3月）

从这三大股指的月度表现来看，美国股市一整年的跌势基本集中在1月份。在全球股市的哀鸿遍野中，纳斯达克指数、道琼斯指数和标普500指数分别下跌了5.90%、3.98%和3.60%，均创下2016年的最大跌幅（见图5）。

但随后的经济数据令市场自2015年熊市延续的悲观情绪减缓。2016年，美国GDP经济数据呈上升趋势，就业市场和其他方面的经济数据指标也表现良好。基本面向好支撑了股市的上升态势。

特别是特朗普爆冷当选总统后，11月份美国股市更是高歌猛进。从数据可以看到，道琼斯指数和标普500指数年内最大涨幅都在11月份发生，当月这两大指数分别跳升6.02%和4.12%。

市场对这一"黑天鹅"事件的反应令很多专家始料未及。在美国大选前，特朗普当选就被视为年内市场最大的风险因素。市场增加的负面因素主要有以下三个方面：

首先，特朗普宣扬关于贸易保护主义和民粹主义的出位言论所制造的阴云令市场担忧，这一世界最大经济体若开放性降低，对经济、贸易乃至企业个体的负面影响不言而喻，

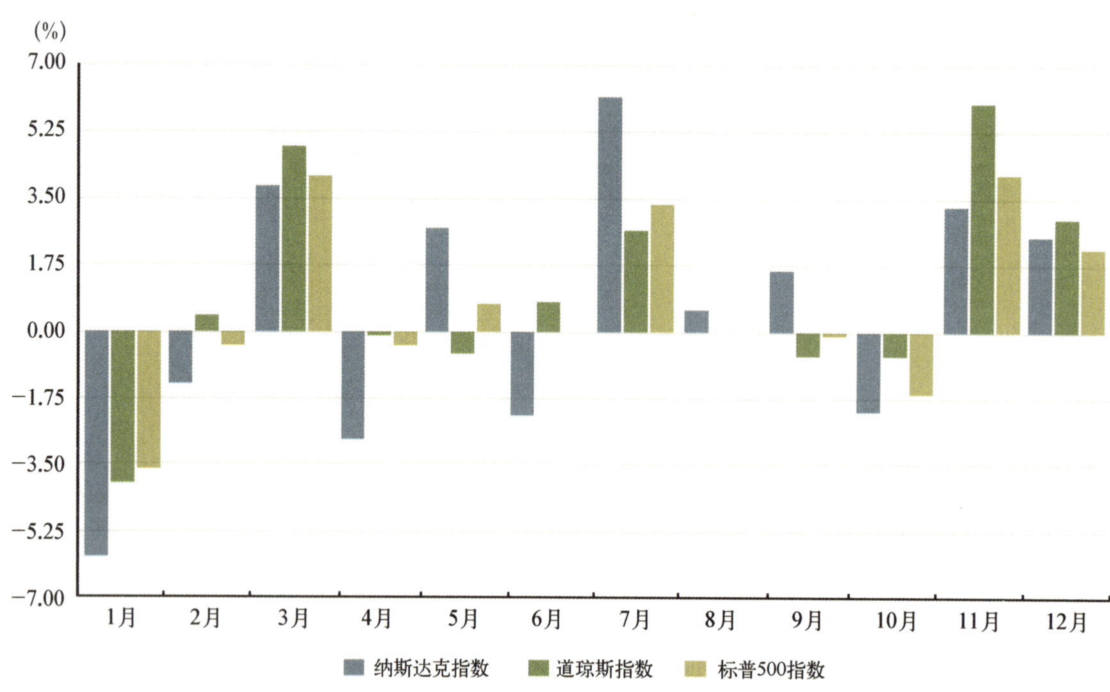

图5 2016年纳斯达克指数、道琼斯指数和标普500指数的月度收益率

进而影响到股票市场。

其次，特朗普作为一位成功的商人却从未有过政治经验，政治不确定性的增加使得纽约这一全球最大股票市场中的投资者三思而行。

另外，虽然特朗普宣称将实施一系列的刺激性财政政策，大力投资基础设施建设，这对于许多上市企业实为利好消息，但如今这笔不菲的资金从何而来仍然成谜，若令美国政府财政赤字加大，债台高筑，同样也会成为金融市场不可忽略的不稳定因素。

然而当特朗普切实当选，除去尚未发生的不确定因素，作为经济“晴雨表”的股市首先看到的是这位商业背景雄厚的当选总统在竞选中所提出的减税增支计划及其对经济乃至股市的促进效用。

最后，美国在2016年底发生了一件市场意料之中却又颇具爆点的事件——美联储加息。2015年美联储加息时曾预期将在2016年加息4次，然而经过了一年的甚嚣尘上，直至2016年12月15日，美联储才终于扣动加息扳机，将利率提升0.25个百分点至0.75%，“靴子”终于落地。

但美联储对2017年利率的预期以及耶伦的鹰派表态则令市场感到震惊。美联储决策者的最新预期显示，2017年的加息步伐将会在当前一年一次的基础上有所加快。美联储用以展示利率路径前景的最新点阵图显示，决策者预计2017年将加息3次，每次25个基点，比起9月份时预估中值显示的两次加息多一次。当日标普500指数创下10月11日来最大单日百分比跌幅。从走势图可以看出，美国股市此前的涨势也由此受制。

（2）英国

关键词：脱欧公投、英镑贬值

2016年英国股市表现出色，由在伦敦证交所上市的最大100家公司构成的富时100（FTSE 100）指数上涨17.22%，远高于基准指数，而以月度收益率标准方差衡量的波动风险为2.19%，则低于基准指数。

图6　2016年英国富时ICU指数

6月23日，英国举行就欧盟身份公投，最终支持退出欧盟的选民以多数胜出，当时的首相卡梅伦辞职后，新任首相梅反复宣称将坚决执行选民意愿。对于金融市场，最大的担忧来自英国退出欧盟的同时也会丧失对欧盟国家的入口，令双方进出口关税升高，从而抑制互惠贸易。尤其是英国经济的支柱产业——金融业在欧盟可以自由运营的“通行证”岌岌可危，令伦敦作为欧洲金融中心的地位摇摇欲坠。同时，英国和其他目前与欧盟具有贸易协议的国家的新关系也成为未知数。这令众多企业尤其是基于英国的国际企业都开始延迟投资计划，对雇佣和薪酬等关乎运营成本的决策也持谨慎态度。

在脱欧公投前，包括世界货币基金组织（IMF）和英国财政部在内的一些权威机构都预测，一旦公投结果为脱欧，英国经济将不可避免地受到严重打击。但事实却令专家的预测未能实现，英国经济在消费者保持支出的驱动下，前进如常。直至2016年结束，脱欧公投已经过去了6个月。在这段时期内，英国经济所受到的影响明显却不显著。劳动力市场、企业信心、消费者支出等经济数据都显示出最初恐慌中的恢复态势，且大多好于预期。

基础面支撑了英国股市的韧性。英国股市在脱欧公投后以地产股和银行股为首受到重挫，但富时100指数仅暴跌3个交易日，随后就迅速收复失地，甚至还在6月份大涨5.05%，创下2016年内第二大月度涨幅。

英国央行在8月份宣布降息至0.25%这一历史低位并实施宽松性货币政策，加上英镑贬值对出口及跨国公司以美元衡量的账面收益的提振都成为英国股市表现强劲的驱动力。

富时100指数在10月份逼近历史高位。

目前英国经济最大的实质性担忧逐渐显现，英镑下跌造成的进口成本升高，从而令通胀承压，英国统计局的数据显示11月份通胀率已达1.2%。英国央行在11月份发布的通胀报告中显示，2017~2018年，英国通货膨胀率将突破央行2%的目标值。而在目前不确定性较高的环境下，企业很有可能对加薪这一提高成本的举措持保守态度。当薪资增长低于通胀增长，英国家庭实际收入降低，作为英国经济支柱的消费者支出必将受到抑制。

另外，英国政府在2016年10月份宣布将于2017年3月份正式启动脱欧程序。对于即将到来的脱欧谈判，英国首相梅一再宣称誓将夺回移民控制权，但欧盟方面则坚持移民将与单一市场入口相关联，英国不可能"鱼与熊掌兼得"。双方的剑拔弩张使得最后以英国失去欧盟单一市场入口为代价的"硬脱欧"成为更加可能的结果。

在这种情况下，投资者投资英国股市的热情冷却，态度转向谨慎。11月份，富时100指数下跌1.93%，创下年内最大月度跌幅。

但到了2016年底，美国股市部分提及的"特朗普效应"也令英国股市受到提振，反弹后一路飙升，冲破历史高位。

总体来看，富时100指数的成分股在2016年内的最大赢家为受到英镑下跌促进的跨国公司以及受到大宗商品价格回升和美国将实施增加基础设施建设预期促进的矿业股。

（3）德国、法国

关键词：动荡、不确定

作为欧洲两大经济体——德国和法国股市表现虽然逊于英国，但2016年的收益率也均高于基准指数。

从走势图可以看出，大部分收益来自12月份。这主要得益于全球经济前景改善以及美国升息环境对银行股的推升。

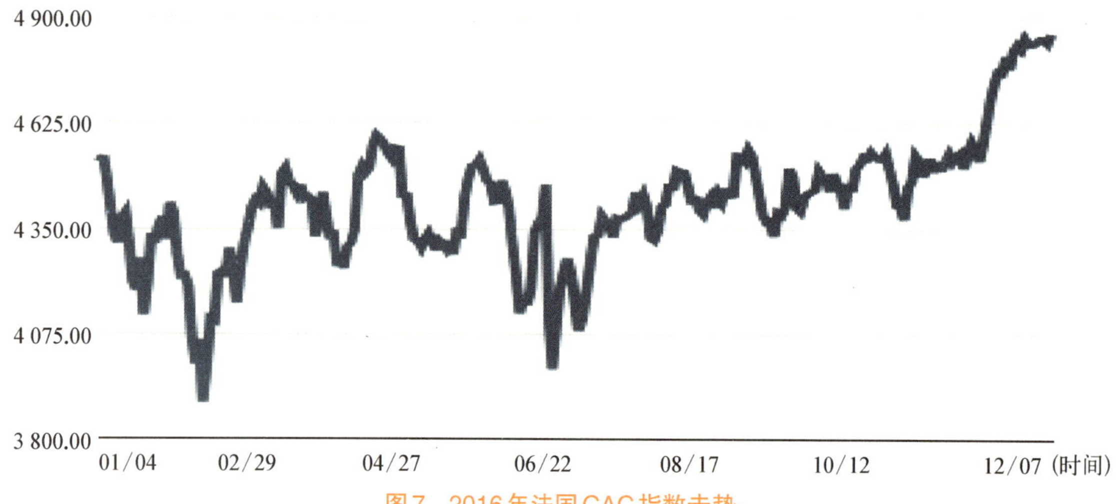

图7　2016年法国CAC指数走势

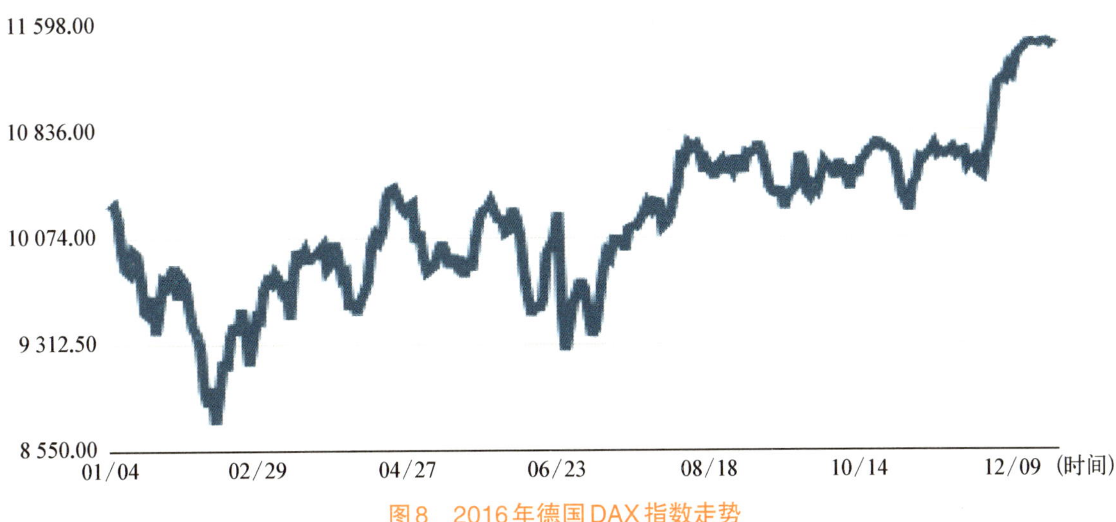

图8　2016年德国DAX指数走势

然而，从2016年1～12月份的股市表现来看，德国DAX指数和法国CAC指数的涨幅仅为3.47%和1.24%。

首先，英国脱欧公投对欧洲股市的影响更为巨大，或者说，德国和法国的股市对这一事件的巨大冲击并没有表现出可以匹敌英国股市的弹性。其中，英镑大幅贬值对股市正面影响的缺失是其中的重要原因之一。德国DAX指数和法国CAC指数分别在6月份创下−5.14%和−5.32%的年内最大月度跌幅（见图9）。

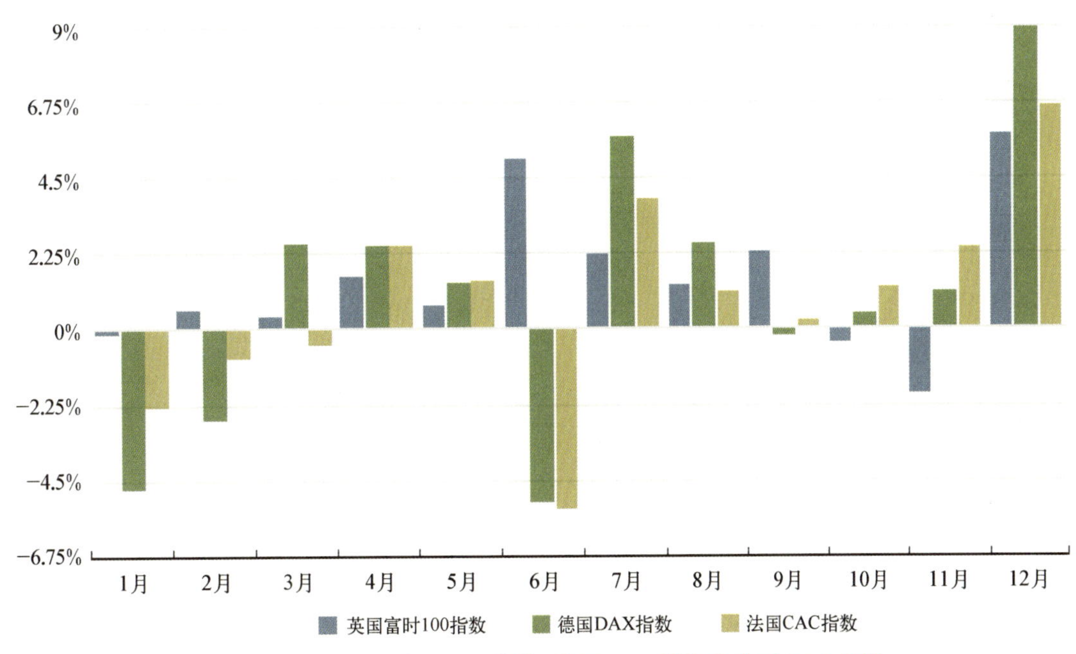

图9　2016年英国富时100指数、德国DAX指数和法国CAC指数

英国脱欧公投后，欧盟的稳定性受到震动，市场对于其产生的“多米诺骨牌效应”担忧不已。同时欧洲各国民粹主义也开始抬头，各右翼党派借此机会活跃不已，加上意大利改

宪公投失败导致其总理伦齐辞职，均为2017年包括德国、法国、荷兰以及意大利可能的大选蒙上阴影。

另外，德国和法国在2016年也分别进入多事之秋。德国的难民危机逐渐激化以及法国的尼斯恐袭事件令两地的政治风险升级，也使得对地缘政治日益敏感的股票市场波动不已。2016年，两地的股市波动风险均超过与其相对两岸的英国，更是超过基准指数。

表3　2016年英国富时100指数、德国DAX指数和法国CAC指数表现　　单位：%

	英国富时100指数	德国DAX指数	法国CAC指数	基准指数
年度收益率	17.22	11.65	7.51	7.51
波动风险	2.19	4.04	3.04	2.87
最大跌幅	−1.93（11月）	−5.14（6月）	−5.32（6月）	−5.98（1月）
最大涨幅	5.05（6月）	8.99（12月）	6.62（12月）	4.88（3月）

（4）日本

关键词：降息、日元升值

日经指数2016年的收益率为3.60%，波动风险为5.78%。

图10　2016年日经指数走势

1月29日，日本央行宣布降息，利率从0降至−0.1%。

9月份，日本央行大幅调整货币政策框架，改为以利率为目标，此前使用了3年多但没能提振经济的大规模印钞措施退居其次。尽管没有降息，但与过去的扩大货币供应目标相比，刺激政策已转向利用收益率曲线控制来实施新型QQE。日本央行称，新型QQE政策主要由两部分组成：(1) 收益率曲线控制，调节短端以及长端利率，将继续购买日本国债直至10年期国债收益率保持在0附近；(2) 通胀超调承诺，承诺扩大基础货币水平直至CPI超越

2%的目标，并且稳定在2%的上方。

日本央行将资金由商业银行赶入资本市场的意图明显，然而效果却乏善可陈。从月度表现来看，日经指数在全年大部分时间内都起伏不定，直至10月份才略见起色。

这与日元在此期间的升值不无关系。全球政治经济的不确定性环境令美元受挫，而日元作为避险币种持续升值，这令成分股不乏仰赖出口公司的日经指数随之下挫。数据显示，交易规模巨大的海外投资者在2016年大量抛售日本股票，金额仅次于2008年。另一方面，日本央行则成为日本股票的最大买家，日本企业也积极回购股票。

基于此，年末美元的强势大涨令形势扭转，10月份后海外投资者成为净买方，日经指数终于从低迷中振作，进入连续的涨势状态。

但整个年度的收益率仍明显低于其他主要发达市场和基准指数MSCI World，且波动幅度在上述市场中最高。

从图11可以看出，英国富时100指数收益率最高，日经指数收益率最低。

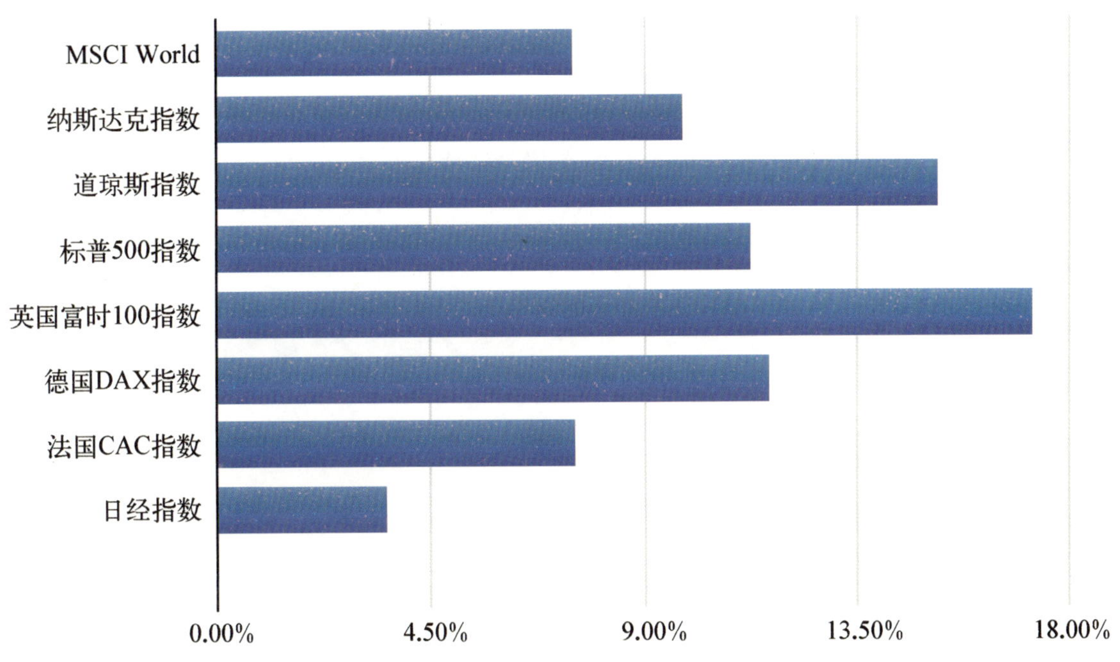

图11　2016年发达市场收益率比较

从图12来看，日经指数、纳斯达克指数、德国DAX指数的波动风险超过基准指数。日经指数波动幅度最大，英国富时100指数波动幅度最小。

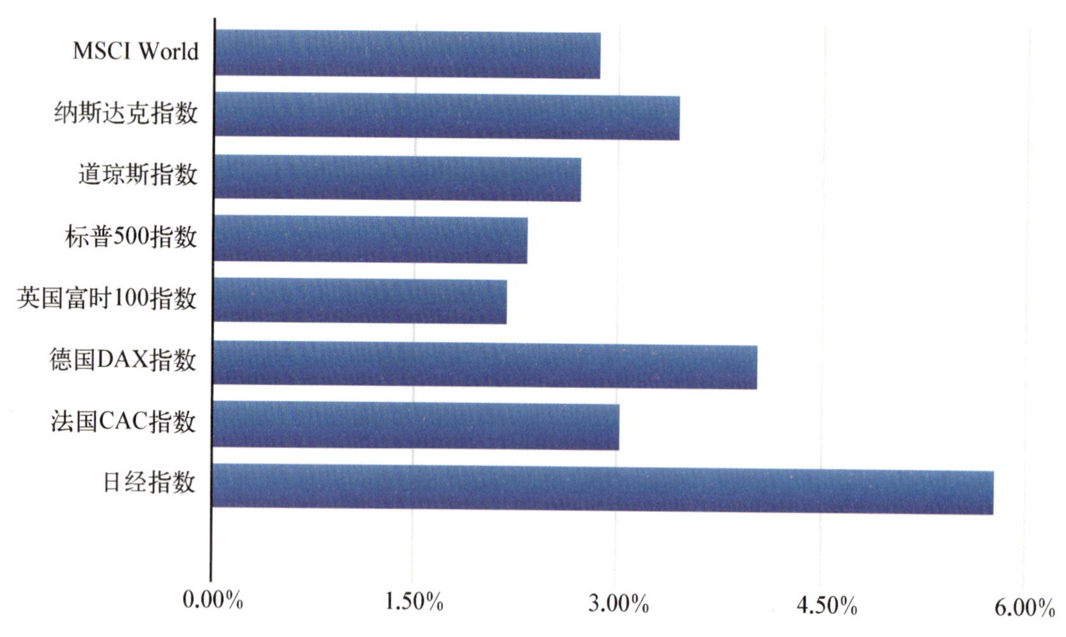

图12　2016年发达市场波动风险比较

3. 新兴市场股市：俄罗斯与巴西成最大黑马

基准指数：摩根士丹利新兴市场指数(MSCI Emerging Market)2016年收益率为11.18%,波动风险为4.62%。

图13　2016年MSCI EM走势

(1) 中国

关键词：熊市阴影

2016年上证指数和深证指数收益率分别为−5.84%和−12.46%,波动风险分别为6.51%和7.52%。

2016年，中国股市仍未走出熊市的阴影，尤其是1月份和2月份的大跌，上证指数和深

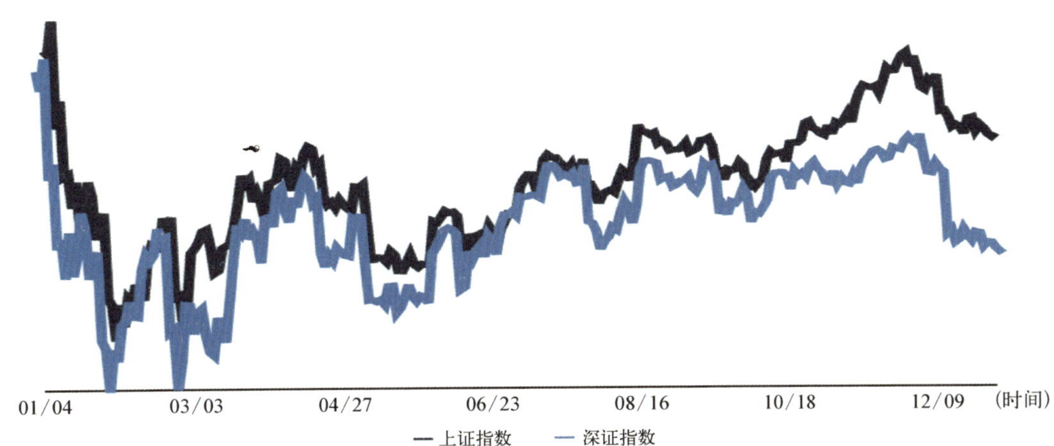

图14　2016年上证指数和深证指数走势

证指数分别在1月份创下−16.5%和−18.99%的年内最大月度跌幅。随后在3月份得以反弹，上证指数和深证指数分别在3月份创下9.91%和12.16%的年内最大月度涨幅。但最后2016年中国股市仍以震荡中的跌势告终。值得注意的是，2016年底美联储加息对中国市场也造成冲击，人民币兑美元降至2008年6月来的最低，股市和债市也双双遭受打击。

从2016年中国的经济整体环境来看，GDP年内增长6.8%，虽然远不及之前超过10%的峰值，但呈现出的缓慢却稳定的增长趋势有利于股市，且消费也保持平稳，但投资和出口走弱。同时监管持续趋严和货币政策放宽间的博弈也制衡着股市。

2016年中国股市的大事之一是深港通的开通。2016年12月5日，深圳证券交易所和香港联合交易所有限公司建立技术连接的深港通正式启动，港交所行政总裁李小加在深港通开通仪式上指出，如果沪港通是展开互联互通的第一步，现时深港通开通则为第二步。因此，香港股市被摩根士丹利视为成熟市场。在本文的中国股市月度收益率比较中将恒生指数加入以做比较。

深港通允许内地投资者买入在香港上市的股票，同时让境外人士可以更多交易在深圳上市的股票，且相比上海证交所为投资者提供更大的科技股敞口。但深港通开通当日境

表4　上证指数、深证指数、恒生指数与基准指数的比较　　单位：%

	上证指数	深证指数	恒生指数	基准指数
年度收益率	−5.84	−12.46	3.16	11.18
波动风险	6.51	7.52	4.03	4.62
最大跌幅	−16.95（1月）	−18.99（1月）	−7.71（1月）	−6.50（1月）
最大涨幅	9.91（3月）	12.16（3月）	7.06（3月）	11.34（3月）

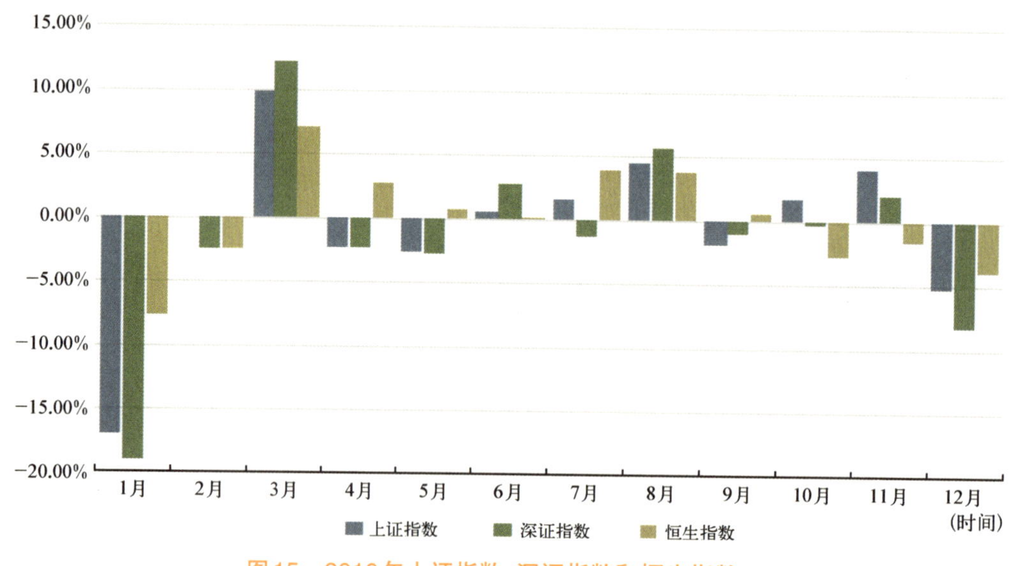

图15　2016年上证指数、深证指数和恒生指数

外投资者对深圳证交所上市股票的需求仅为26.7亿元人民币，只用掉每日可用额度的1/5。与两年前推出的沪港通形成鲜明对比，那时境外投资者在首日收盘之前就耗尽了130亿元人民币的每日额度。这也显示出2015年延续至2016年年初的大幅下跌以及接连不断的"过山车"式行情令投资者对中国股市持更加谨慎的态度。

（2）印度

关键词：政府改革

印度股市在2016年也是波动起伏。一季度走势与中国类似——1月和2月连续下跌，1月份创下-7.34%这一年内最大月度跌幅，3月份回弹，创下6.57%这一年内最大涨幅。之后一路震荡上扬，由年内低位2月11日的22 951.83点涨至年内高位9月8日的29 045.28点，涨幅达26.55%。

图16　2016年印度指数走势

印度经济基本面良好，消费需求旺盛，政府投资提振企业利润。随着中国股市在2015年的暴跌，目标为亚洲的海外投资者更多转向印度。

但上涨动能未能延续，9月份印度政府宣布实行税收改革，对通过在毛里求斯注册对股票收益进行避税的海外投资者征税。四季度印度指数连续下跌。尤其是11月份印度政府意外宣布现行的500和1 000卢比的纸币作废，并且受到特朗普当选美国总统的震动，印度股市暴跌。11月份印度指数跌幅仅次于1月份和2月份，达−4.39%；12月份仅小幅回升，最终年度收益率仅涨1.78%。

（3）巴西和俄罗斯

关键词：黑马

另外两个金砖国家——巴西和俄罗斯的股市在2016年的表现都意外强劲，俄罗斯RTS指数和巴西指数分别在年内大涨53.43%和42.92%。

图17　巴西指数走势

表5　印度指数、俄罗斯RTS指数、巴西指数和基准指数的比较　　单位：%

	印度指数	俄罗斯RTS指数	巴西指数	基准指数
年度收益率	0.27	40.52	43.13	11.18
波动风险	4.31	4.30	6.77	4.62
最大跌幅	−7.34（2月）	−1.4（10月）	−9.5（5月）	−6.50（1月）
最大涨幅	6.57（3月）	11.53（3月）	9.72（7月）	11.34（3月）

虽然经济复苏迹象显现，但两国的基础面也并非强劲如斯，仍面临严重的经济衰退，但股市受到其他方面的提振。

首先，其股市的欣欣向荣与大宗商品的反弹不无关系。比如，油价2月份探底后在短

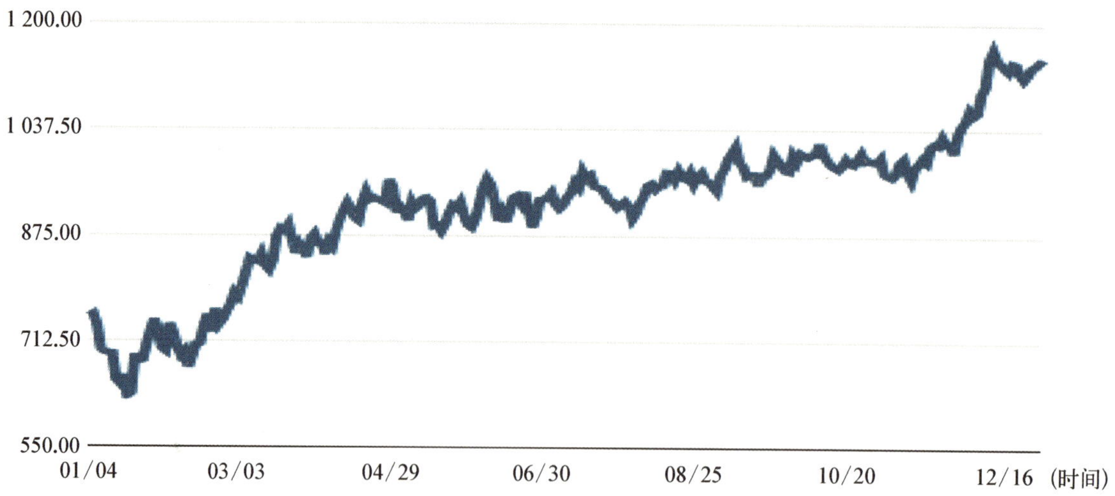

图18　2016年俄罗斯RTS指数走势

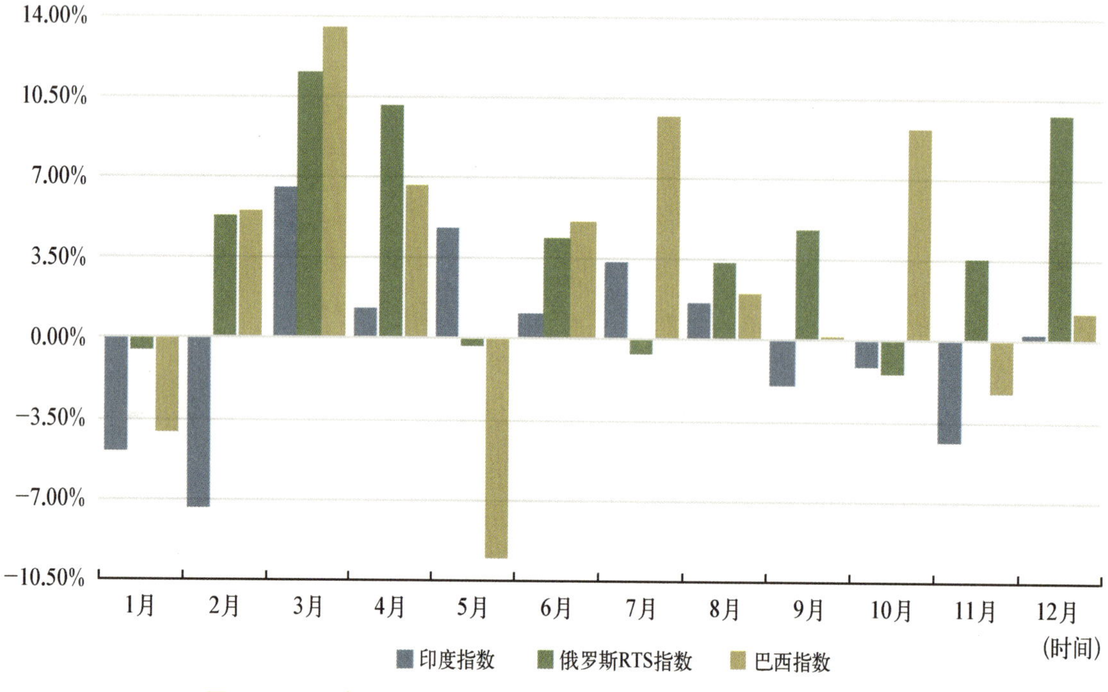

图19　2016年各月份印度指数、俄罗斯RTS指数和巴西指数情况

短十多天内强劲反弹30%，俄罗斯RTS指数也随之飙升，3月份为11.53%，创下这一年内最大月度涨幅。11月份OPEC成员国达成减产协议，俄罗斯也承诺减产，从而令市场对石油价格回升的希望增强。

而巴西除了矿业、油企和钢企表现较好外，外界对其政府的整改也抱以希望。8月31日，巴西总统罗塞夫正式遭到弹劾，罗塞夫被指控非法操纵预算以隐藏日益增加的财政赤字，令投资者对更可信的官员带领巴西走出经济谷底的信心加强。

俄罗斯和巴西市场独领风骚，远远领先于中国和印度市场以及基准指数。表现最差的

是深证指数（见图20）。

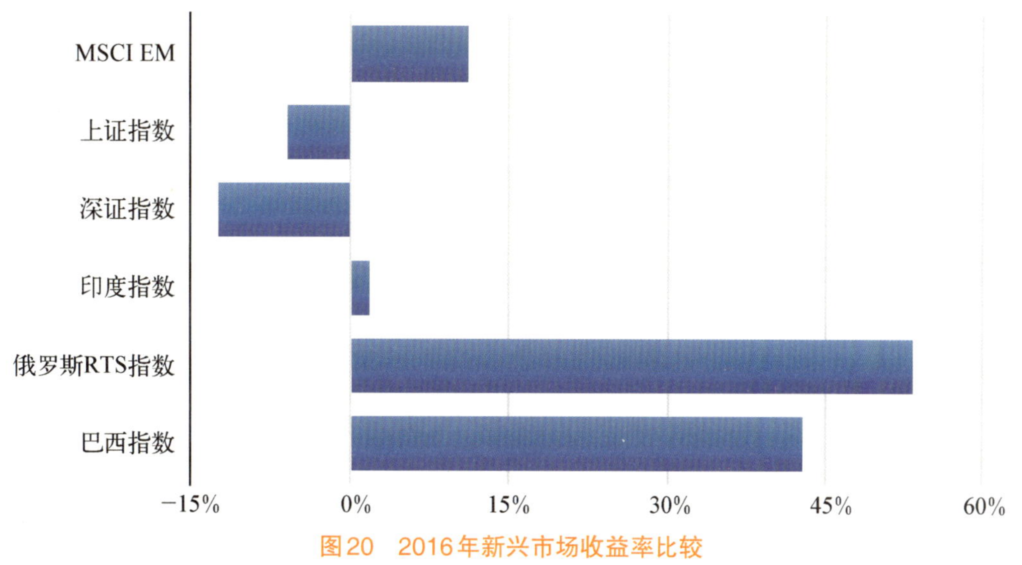

图20　2016年新兴市场收益率比较

从波动风险来看，印度指数最低，上证指数、深证指数、巴西指数均高于基准指数，深证指数最高（见图21）。

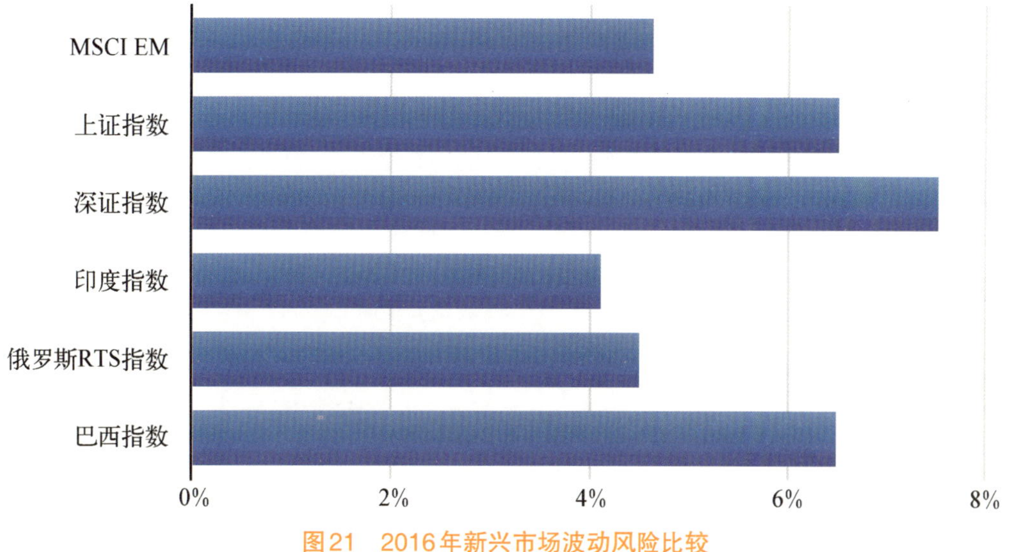

图21　2016年新兴市场波动风险比较

4. 行业板块表现最佳：能源、材料和信息技术

2016年各行业表现如表6所示。

可以看到表现最好的三个板块分别为能源、材料和信息技术。

（1）能源

2015年年底时，在接受路透社调查的25位分析师中有7位认为能源股将于2016年意外上扬，而这些“少数派”的预言最终在2016年得以实现。随着原油价格的触底反弹，能

表6　2016年各行业表现情况

MSCI	新兴市场	发达市场	世界指数
非必需消费品	−2.26%	2.93%	2.39%
必需消费品	−3.269%	−0.608%	−0.833%
能　源	30.724%	22.903%	23.775%
金　融	6.950%	10.624%	9.966%
医疗股	−10.185%	−8.464%	−8.508%
信息技术	15.018%	11.874%	12.269%
工　业	−4.484%	11.567%	10.520%
材　料	27.276%	19.452%	20.432%
地　产	−7.976%	−0.246%	−0.962%
电信服务	−2.625%	2.019%	1.216%
公用事业	−2.125%	2.713%	2.230%

源股2016年年内成为全球股市收益最高的板块。

而接近2016年年底的一则重磅消息更是为能源股的这一涨势推波助澜。2016年11月30日，石油输出国组织（OPEC）自2008年以来首次达成减产协议，2017年1月开始实施，时长6个月，原油日产量将减少120万桶。另外，俄罗斯也宣布将在2017年上半年逐步实现日减产原油30万桶的计划，为2001年以来首次参与减产计划。消息出台后，油价上扬，能源股也随之飙升。

（2）材料

2016年，大宗商品的反弹造就了材料股的强势表现。同时，以美国为首的世界各大经济体建筑业持续增长支持了建筑材料企业，消费者支出的稳健则推升了造纸业和包装业。

11月份，特朗普在美国大选中意外获胜，其将大举进行基础设施建设的计划也令材料股表现强劲。

（3）信息技术

信息技术类股票在2016年的表现十分戏剧化，在上半年还低迷不振的情况下下半年却奋起直追，反超几乎所有上半年的赢家。这或许可以解释为投资者在一年内由开端的谨慎甚至恐慌情绪到年中开始逐渐消失，转为追逐风险更高但收益更大的资产类别和板块。这点由相对保守但安全的债市和黄金市场在下半年开始回落也可以得到佐证。

当然，该行业致力于研发所带来的日新月异的发展也是对其不可或缺的支撑，比如，云和物联网之类的新技术都在取得实质性进展，而其他各个行业的数码化也都才刚刚开始。

（三）2016年全球主要国家国债表现

2016年，对于全球债券市场而言可谓跌宕起伏，全球市场“黑天鹅”事件层出不穷，英国脱欧、南海仲裁、法国恐怖袭击、土耳其政变以及特朗普意外赢得美国总统大选以及欧元区政局动荡等事件的发生加剧了全球市场的不确定性。

“动荡”和“通胀”已经成为2016年债券市场的两大主题，而“负利率”时代的到来也引发了投资者的密切关注。由于全球市场的不确定性和对通胀预期的改变，2016年全球主要债券市场收益率整体呈现出“V”字形变化。

由于考虑到投资者对海外资产配置的便利性和安全性，本书主要分析债券市场上的公共债券，涵盖国债和政府债券等，这部分债券是由各国央行发行的，市值总额目前已经超过60万亿美元，基本上和全球所有股票的市值持平。

根据表7显示，美国政府是全世界负债最多的政府，负债总额达到全世界政府负债的29%。日本紧随其后，日本债务市值占20%。其他一些债务总额比较高的国家有：中国占6.25%，德国占4.81%，意大利占4.61%，法国占4.35%，而英国占3.92%。

表7　截至2015年8月全球国家负债排名

国　家	在全球负债中的占比	国　家	在全球负债中的占比
美　国	29%	意大利	4.61%
日　本	20%	法　国	4.35%
中　国	6.25%	英　国	3.92%
德　国	4.81%		

资料来源：Woodsford Capital。

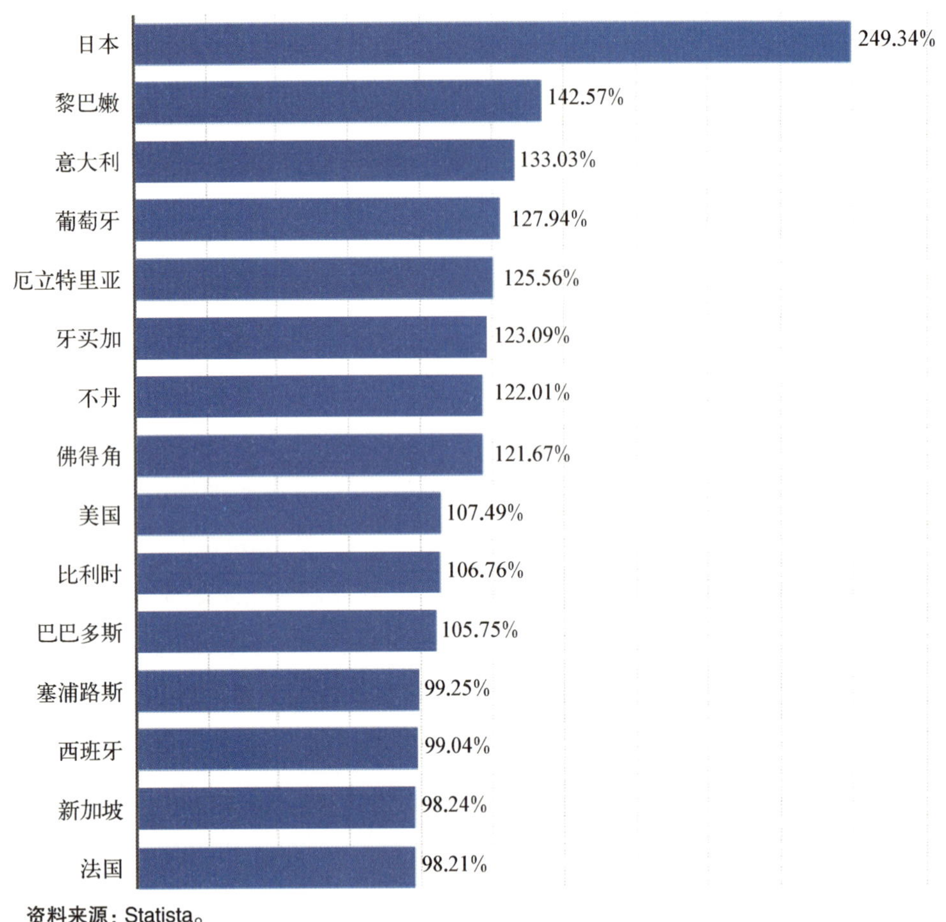

资料来源：Statista。

图22　2016年全球负债/GDP排名最高的15国

不过，为了更加直观和准确地观察世界各国的负债水平，我们引入经济总量这个衡量标准。通常债务/GDP被称为负债率，能够更好地帮助投资者了解各国的负债水平，而不是仅仅盯住债务总量这个绝对值。

我们可以发现，债务对GDP比例最高的15国中，排名从高往低的主要债券市场分别是日本（249.34%）、意大利（133.03%）、葡萄牙（127.94%）、美国（107.49%）和法国（98.21%）。

1. 主要国家的国债收益率比较

具体到全球债券市场中的国别情况，由于世界上多数国家的债券市场大体相似，所以这里选取比较有代表性的美国、日本和欧元区这三大债券市场来进行考察。选择这三大债券市场的理由一是因为它们的债券市场在全球金融体系中的地位突出。二是它们各自金融体系的特色鲜明，更具有可比性。美国为市场主导的国家，商业银行和投资银行一直是分离的，金融市场在资源配置中发挥着重要作用；对于欧洲市场，本书选取德国、英国和意大利三国进行分析，主要是因为这三国的投资价值和2016年的表现最为典型，结合诸多“黑天鹅”事件的影响，最能够代表欧元区的债市趋势；而日本虽然有较为成熟的金融市

场，但在其过去的大部分时间里银行系统直接控制了资源的配置，因此属于银行与市场兼而有之的金融体系。

为了更加直观地进行比较，本书以各国主流的10年期国债走势进行横向对比，帮助投资者了解不同国家的横向表现。放眼2016年的全球债市，主要国家中截至11月底10年期国债收益率最高的是澳大利亚，美国紧随其后，主要是受到11月疯狂表现的推动，而意大利、英国和德国则位列其后，其中日本则相对较低，收益率接近0%。

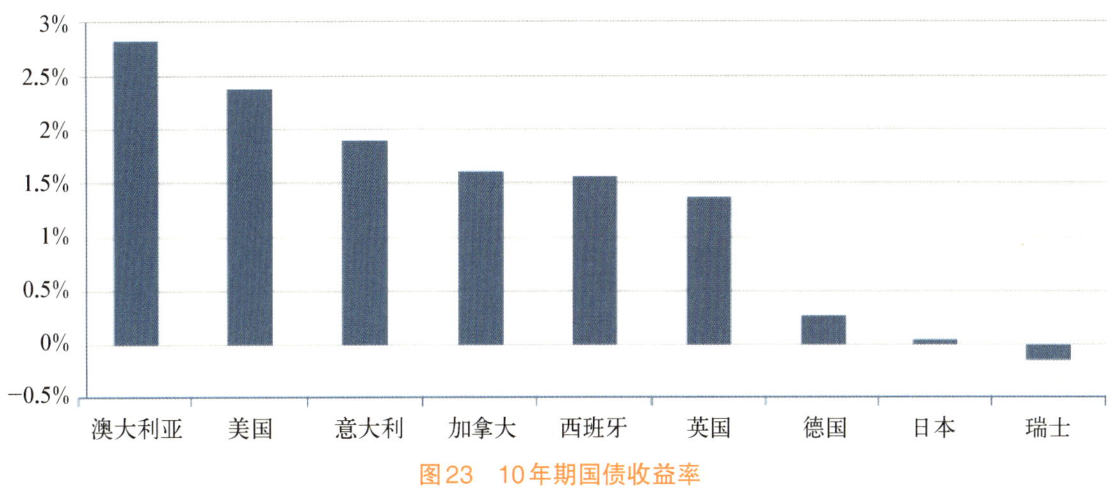

图23　10年期国债收益率

除了收益率之外，投资国债市场的投资者还密切关注债券的安全性系数，而国家主权信用评级（Sovereign Rating）就可以很好地反映债券的安全性能。国家主权信用评级是指评级机构依照一定的程序和方法对主权机构（通常是主权国家）的政治、经济和信用等级进行评定，并用一定的符号来表示评级结果。信用评级机构进行的国家主权信用评级实质就是对中央政府作为债务人履行偿债责任的信用意愿与信用能力的一种判断。作为中央政府对本国之外的债权人形成的债务，一般由债权人所在国家的信用评级机构进行国家主权信用评级。

主权信用评级，除了要对一个国家国内生产总值增长趋势、对外贸易、国际收支情况、外汇储备、外债总量及结构、财政收支、政策实施等影响国家偿还能力的因素进行分析外，还要对金融体制改革、国企改革、社会保障体制改革所造成的财政负担进行分析，最后进行评级。主权信用评级一般从高到低分为AAA、AA、A、BBB、BB、B、CCC、CC、C。AA级至CCC级可用+号和−号，分别表示强弱。目前涉及主权信用评级业务的主要是国际三大评级机构：惠誉、标普和穆迪。

为了更加直观地进行国家之间的评级比较，本书引入Trading Economics Credit Rating指数，这一指数结合五大指标来源，综合评估标普、穆迪、惠誉以及经济数据指标和金融市场表现，从而得出从0至100（最好）的数字化评级，方便投资者能够一目了然、全面地了解

表8　国际三大评级机构

国家	评级机构					
	标普		穆迪		惠誉	
	评级	展望	评级	展望	评级	展望
美国	AA+	稳定	Aaa	稳定	AAA	稳定
日本	A+	稳定	A1	稳定	A	负面
德国	AAA	稳定	Aaa	稳定	AAA	稳定
英国	AA	负面	Aa1	负面	AA	负面
意大利	BBB–	稳定	Baa2	稳定	BBB+	负面

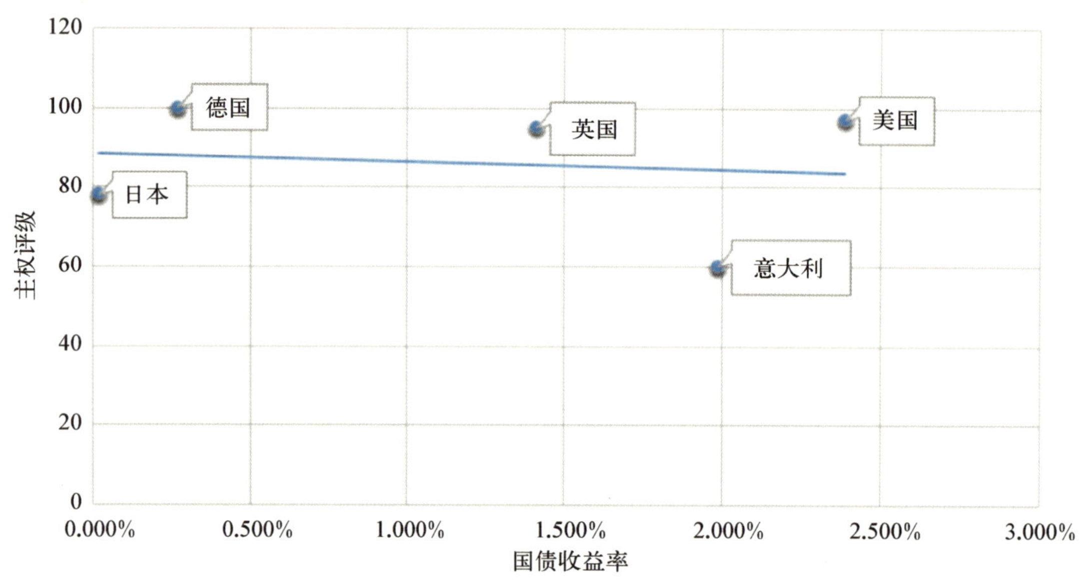

图24　海外主要市场10年期国债

各主要债券投资国家的主权评级。本书重点讨论的五大市场中，美国评级为97，日本评级为78，德国评级为100，意大利评级为60，英国评级为95。

图24为各国主权评级和10年期国债收益率之间关系的散点图，可以发现，综合主权评级和收益率而言，10年期美国国债的表现最好，能够同时兼顾到投资回报和安全性。10年期意大利国债虽然收益率较高，但由于主权评级相对最低，因此投资价值也存在欠缺。而10年期日本国债收益率接近0%，同时主权评级也低于趋势线，因此投资价值并不高。

（1）美国国债

美国国债在全球债市占有极重要的地位，除了因为其对全球金融市场具有举足轻重的影响力，同时美国国债总量也十分巨大，占到全球债市总量的29%。截至2016年11月

30日，美国国债总量达到约19.8万亿美元，比美国最大的500家上市公司市值总和还要多。更形象地来看，美国国债总量是2015年全球原油出口总额的25倍，更是全球一年黄金产量的155倍。换言之，按照当前的国际金价，全球需要开采155年黄金才能把现在的美国国债全部还上。

除了11月特朗普效应带来的收益率飙升，美国国债2016年的另一个关键词是“抛售”。

包括中国、日本和沙特在内的美国国债主要持有国均不约而同地开始抛售美债。根据美国财政部2016年11月最新发布的月度国际资本流动报告显示，在截至2016年9月底的12个月内，全球央行抛售美债总量达到创纪录的3 747亿美元。

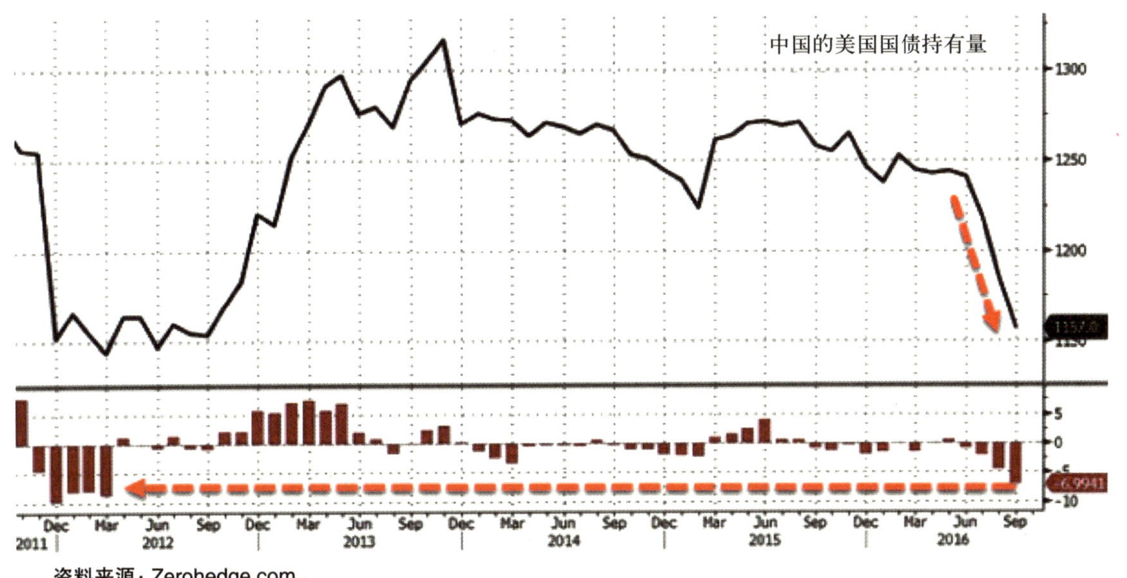

资料来源：Zerohedge.com。

图25　中国所持美债总量变化

中国一度是美国国债海外最大持有国，截至9月底，所持美债降至1.16万亿美元，为2012年9月来的新低，也是连续第5个月减持。

截至12月15日，日本近两年来首次超过中国，成为美国国债的最大持有国。日本当月持有美国国债1.131万亿美元，而中国的持有量则下降至1.115万亿美元，降幅约为410亿美元。中国一直在动用外汇储备，出售美债以支持人民币。

美国国债收益率

通过观察最具代表性的10年期美国国债每日收益率变化（见图26），可以发现，2016年美国国债收益率整体呈现出“V”字形走势，年内最低点出现在7月8日的1.358%，当时正逢英国脱欧公投后引起的一波避险浪潮，投资资金纷纷逃离欧洲市场，转向美国国债等安全性资产，从而推高了美债价格，令美债收益率大幅下挫。

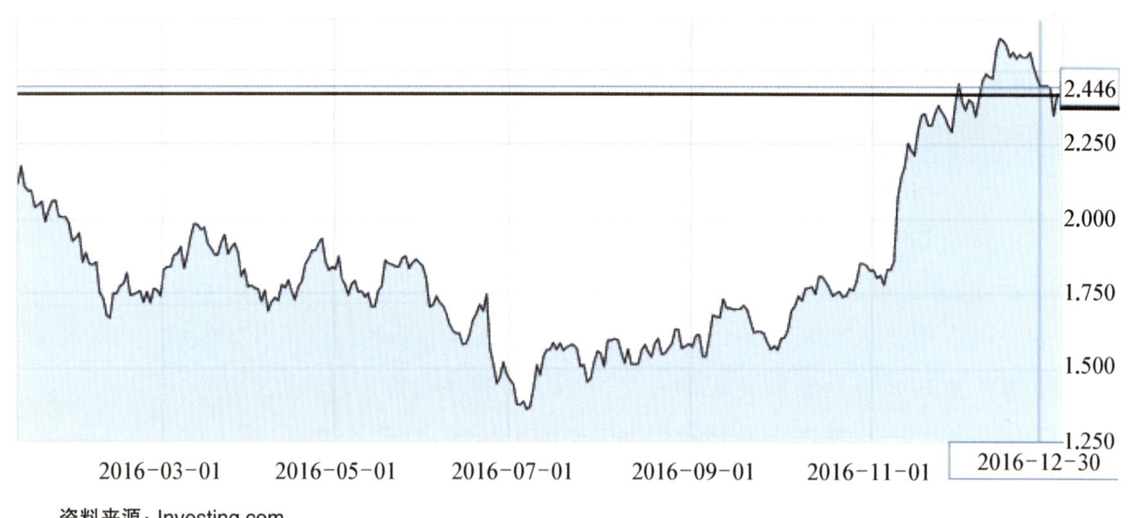

资料来源：Investing.com。

图26　10年期美国国债每日收益率变化情况

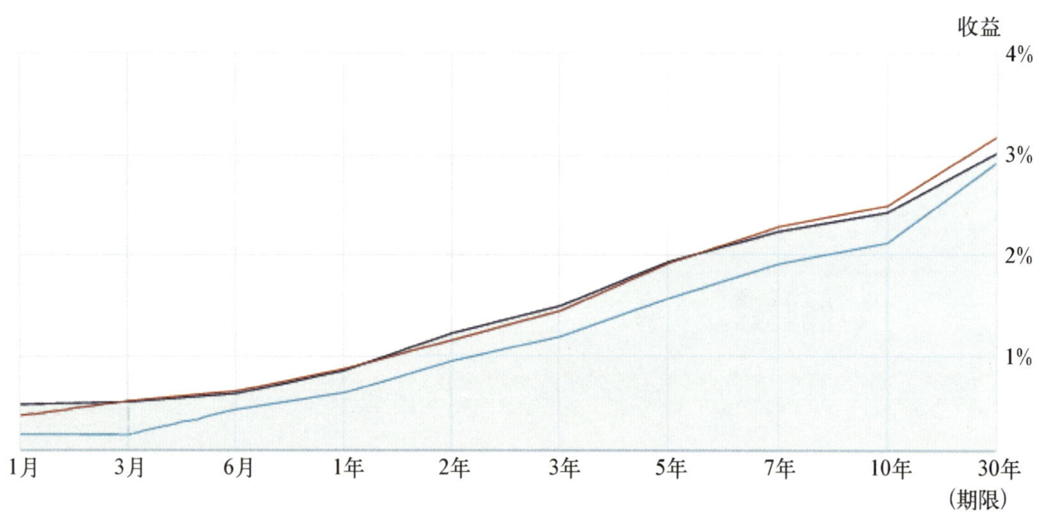

资料来源：Investing.com。

图27　美国国债收益率曲线

在美国国债收益率曲线(图27)中,深蓝色曲线代表2016年12月底的走势,红色曲线代表2016年11月底的走势,而淡蓝色曲线代表2015年12月底的走势,通过对比可以发现,美国国债收益率曲线正在逐渐变陡,显示抛售浪潮已经给美债收益率带来强劲的支撑。

此外,图28根据截至2016年12月30日的数据将2年期、5年期、10年期和30年期美国国债收益率进行了对比。

市场有观点指出,特朗普上台推升了全球资金的风险偏好,这与他痛恨低利率、大力发展基建的政策主张有很大关系。特朗普执政思路逐渐明朗,这导致全球风险资产普遍上涨,避险资产普遍大跌。

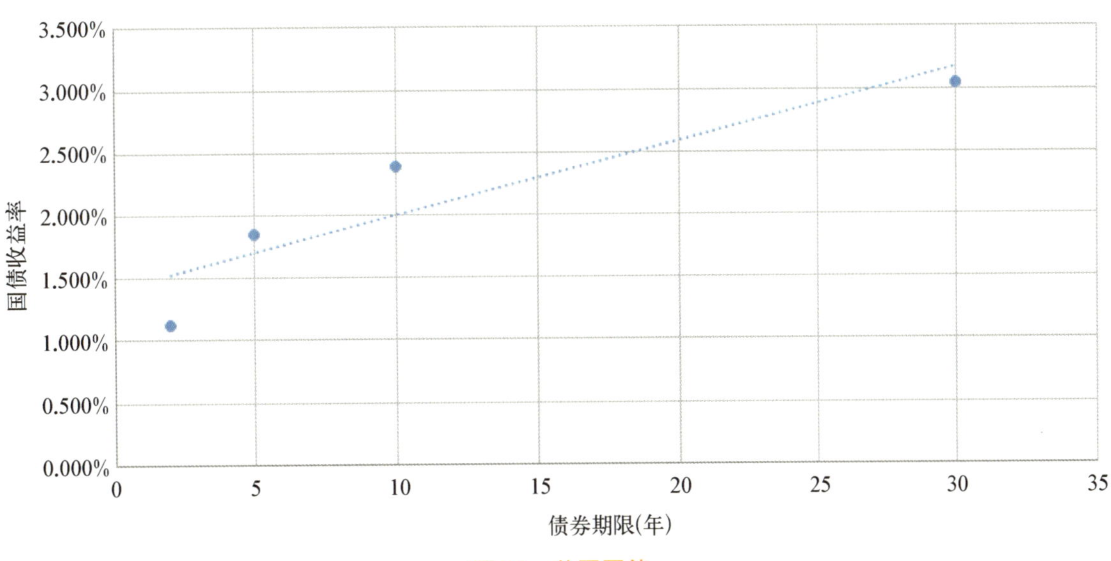

图28　美国国债

（2）日本国债

仅次于美国，日本债务水平排名世界第二。据日本财务省2016年11月10日公布的数据显示，截至2016年9月底，包括国债、借款和政府短期证券在内的国家债务余额达1 062.574 5万亿日元（按照当时汇价约合10.5万亿美元），占全球债务总量的近20%，刷新了历史最高纪录，相当于国民人均负债约为837万日元（按照当时汇价约合8.26万美元）左右。

日本负债率，即债务总量对GDP的比例一度高达近250%，为全球最高。庞大的政府债务和财政赤字的日益高企成为当前日本政府面临的最大问题，这也令安倍经济学经受着严峻考验。而日本通胀形势一直不佳，若政府想要达成2%的通胀目标，财政赤字必然暴增，因而国债收益率将无法维持在零水平。

此外，2016年可谓是“黑天鹅”事件不断，在市场波动性加剧的大环境下，避险需求令日元不断升值，导致日本政府焦头烂额，原本疲软的经济形势就愈加步履蹒跚。为了抑制日元升值和提振经济前景，日本央行不惜在2016年1月29日宣布从2月16日起实施负利率政策，正式加入全球负利率阵营，市场将这种做法解读成“绝望中的胡乱挣扎”，事实也证明日本经济形势愈加混乱。而2月9日开始，10年期日本国债收益率也初次跌至负值。

由于货币刺激政策并未取得令人满意的效果，日本央行终于在2016年9月21日放弃了基础货币措施，宣布维持指标利率−0.1%不变，而转向将“控制收益率曲线”作为新政策框架的核心。另外，日本央行取消所持日本国债的平均期限目标，将购买长期国债，从而使10年期国债收益率维持在当前零水平附近。新措施实施后，10年期日本国债收益率上涨至0.005%，为2016年3月中旬以来首次涨至正值。

进入11月份后，由于特朗普意外当选美国总统，引发全球债券市场收益率一路飙升，为了抑制收益率飙升带来的负面影响，日本央行于2016年11月17日宣布以固定利率购买不设数量上限的国债，这是该行9月引入"收益率曲线控制"目标以来首次使用的新措施。

日本央行行长黑田东彦在上述举措公布之后称，不会仅仅因为美国国债收益率攀升而接受日本国债收益率随之上扬。他还指出，日本央行不可能将收益率目标固定在某一具体水平。10年期国债收益率目标在零左右，可能会根据经济形势上调或者下调10年期国债收益率的目标。

通过观察最具代表性的10年期日本国债每日收益率变化（见图29），投资者可以发现，2016年美国国债收益率整体呈现出"V"字形走势，年内最低点出现在7月27日的-0.291%，英国脱欧公投后引起的避险浪潮和日本央行的负利率政策一同推高了日本国债价格，令收益率承压下挫。

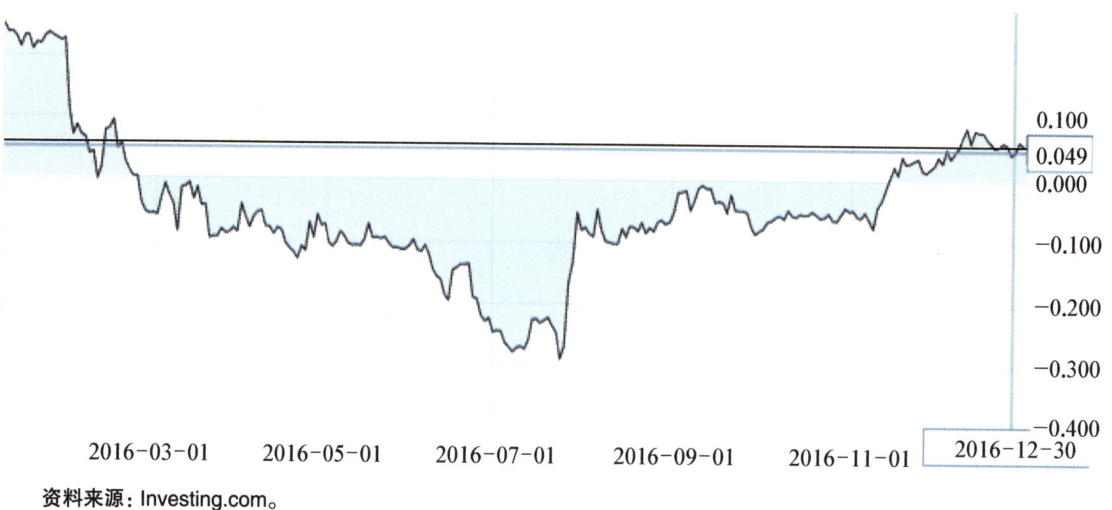

资料来源：Investing.com。

图29　10年期日本国债每日收益率变化

在日本国债收益率曲线（见图30）中，深蓝色曲线代表2016年12月底的走势，红色曲线代表2016年11月底的走势，而淡蓝色曲线代表2015年12月底的走势，通过对比可以发现，2016年日本国债收益率曲线已经大幅趋缓，在日本央行1月推行负利率之后，国债收益率曲线明显趋平。这项旨在压低短期利率的措施，导致超长期收益率下降如此之多，让决策者始料未及。据悉，日本央行试图让国债收益率曲线变陡，希望降低短至中期国债收益率，同时推高超长债收益率，使其脱离过低的水准，因为中短期国债收益率对企业的借款成本影响最大。

此外，图31根据截至2016年12月30日的数据，将2年期、5年期、10年期和30年期日本国债收益率进行了对比。

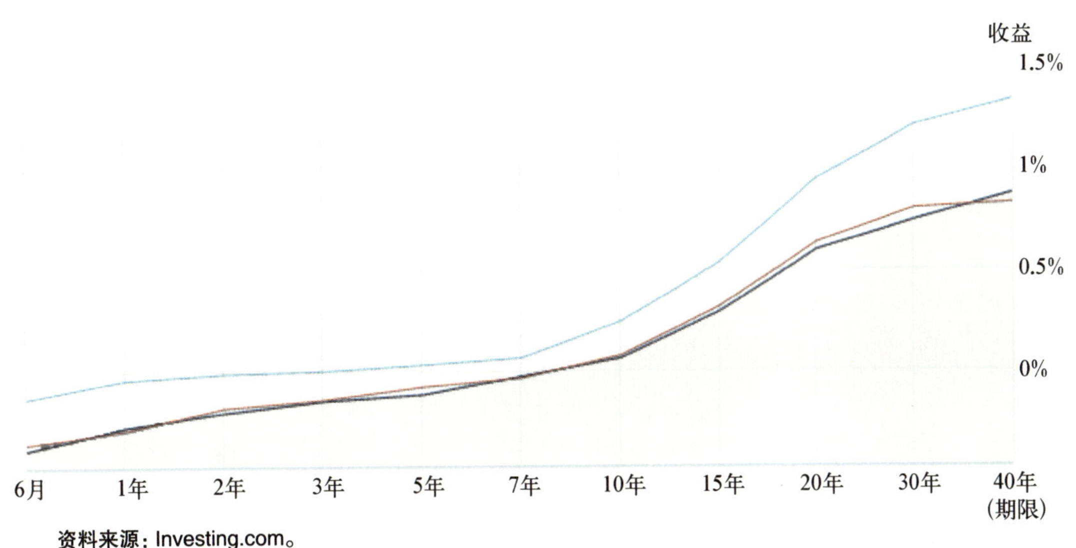

资料来源：Investing.com。

图30　日本国债收益率曲线

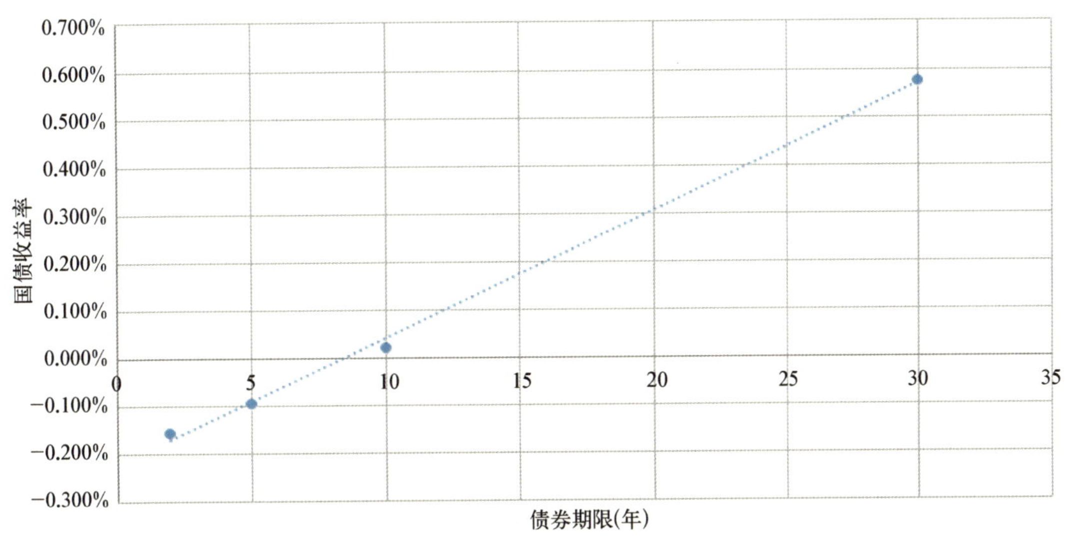

图31　日本国债收益率

（3）德国国债

由于德国拥有着全球最高评级，因此，德国国债一直被认为是避险天堂，也理所当然地成为欧元区最坚实的避险堡垒，一旦市场风险情绪趋于一致，大量的资金都涌入德国国债，从而推高德债价格，并打压收益率。

从10年期德国国债在2016年的收益率走势（见图32）可以发现，由于德国国债在欧元区独特的避险地位，第三季度收益率处于负值区间。正是因为英国脱欧和德意志银行危机等风险事件的集中爆发，直到特朗普赢得美国大选后，德债收益率也乘上全球债市收益率暴涨的东风重新脱离了负值区间。

在德国国债收益率曲线（见图33）中，深蓝色曲线代表2016年12月底的走势，红色曲

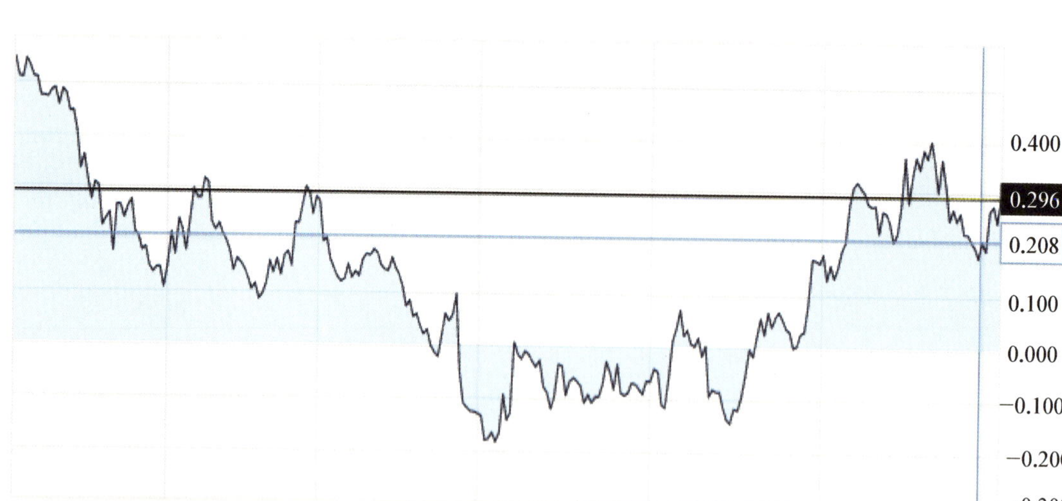

资料来源：Investing.com。

图32　10年期德国国债收益率

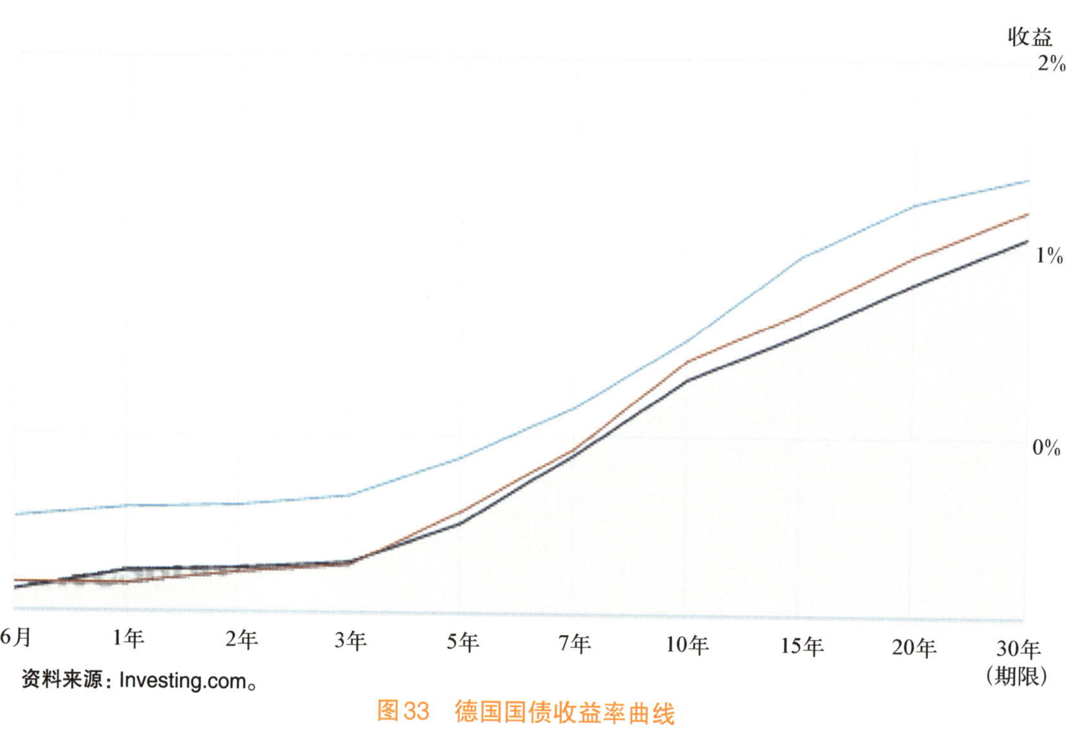

资料来源：Investing.com。

图33　德国国债收益率曲线

线代表2016年11月底的走势，而淡蓝色曲线代表2015年12月底的走势，通过对比可以发现，德国国债收益率曲线在2016年底愈发变陡，显示风险事件频发对中短期德债收益率的压制还是较为明显的。

此外，图34根据截至2016年12月30日的数据将2年期、5年期、10年期和30年期德国国债收益率进行了对比。

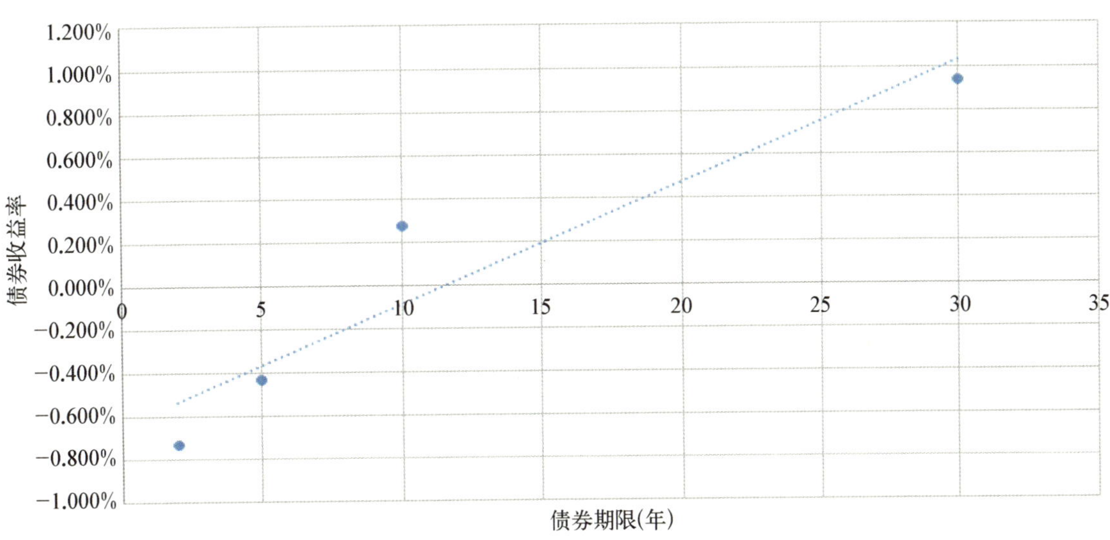

图34　德国国债收益率

(4) 英国国债

英国脱欧事件无疑是对英国国债影响最大的风险事件。2016年6月27日，10年期英债收益率首次跌穿1%，英镑/美元触及31年的低位。在英国脱欧公投结束的两日内，10年期英国国债收益率累计下跌44个基点，为2009年3月开始其量化宽松购债计划以来的最大两日跌幅。

10年期英国国债在6月公投以后受到避险买盘的追捧而收益率大幅下挫，但2016年内脱欧影响尚未完全展现（见图35），随着市场情绪逐渐稳定，经济数据的强劲表现带动英国国债收益率强劲反弹。

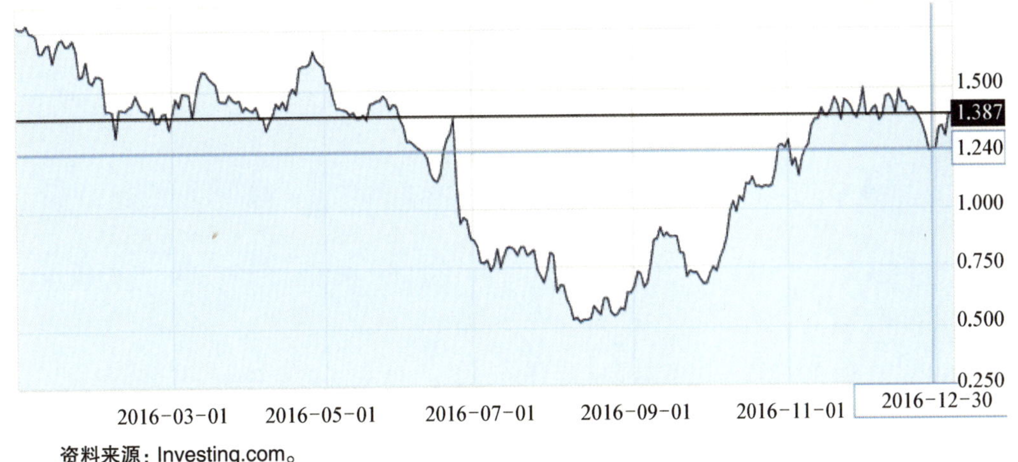

资料来源：Investing.com。

图35　10年期英国国债收益率

在英国国债收益率曲线（见图36）中，深蓝色曲线代表2016年12月底的走势，红色曲线代表2016年11月底的走势，而淡蓝色曲线代表2015年12月底的走势，通过对比可以发

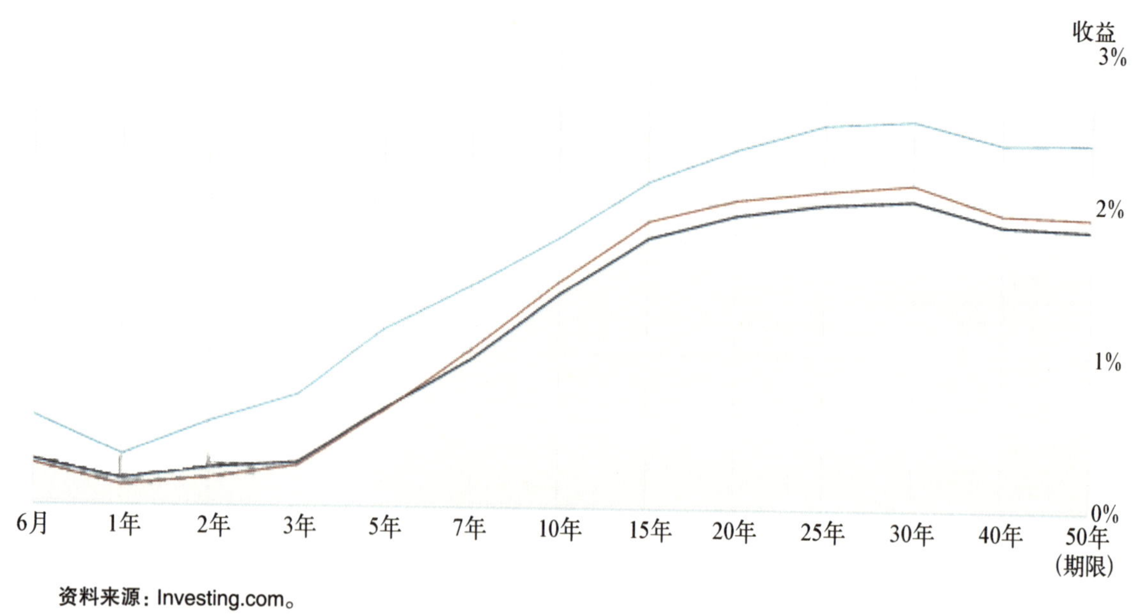

资料来源：Investing.com。

图36　英国国债收益率曲线

现，英国国债收益率曲线整体趋平，受2016年市场避险需求的影响整体下移。

此外，图37根据截至2016年12月30日的数据将2年期、5年期、10年期和30年期英国国债收益率进行了对比。

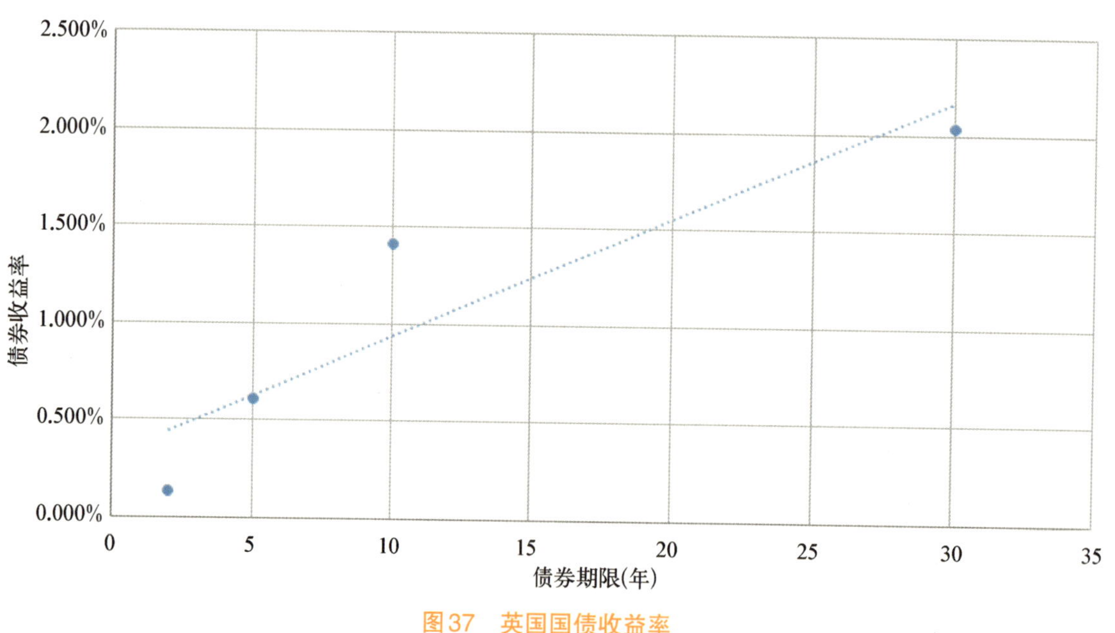

图37　英国国债收益率

（5）意大利国债

意大利国债在2016年除了受到英国脱欧等外部风险因素的影响以外，内部主要经受了银行业危机以及修宪公投两大事件的考验。

鉴于政治面不稳可能继续损及意大利脆弱的银行体系，以及修宪公投后意大利主权评级面临的下调风险，意大利国债价格也承受着巨大的压力，收益率有望继续攀升。

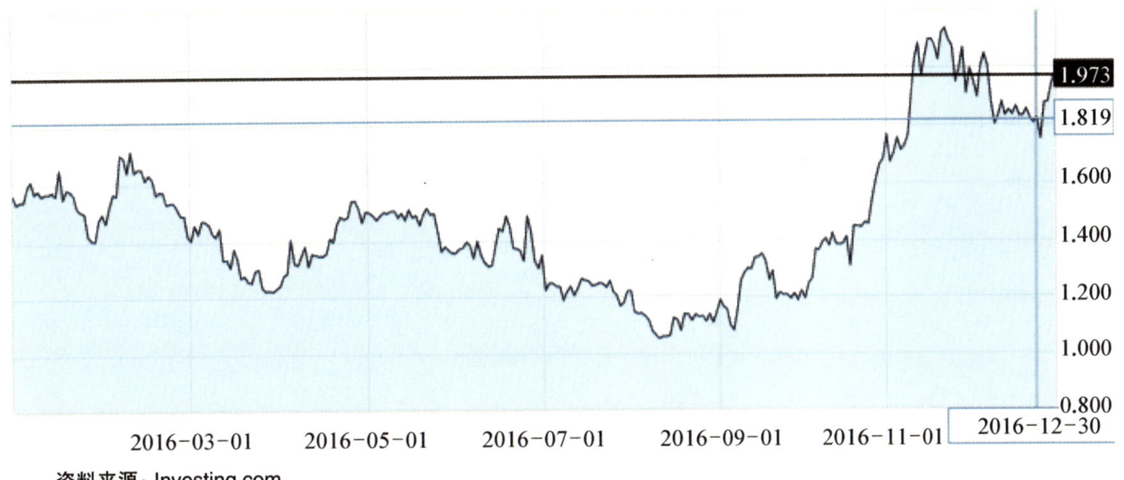

资料来源：Investing.com。

图38　10年期意大利国债收益率走势

在意大利国债收益率曲线（见图39）中，深蓝色曲线代表2016年12月底的走势，红色曲线代表2016年11月底的走势，而淡蓝色曲线代表2015年12月底的走势。受政治局势动荡和银行业问题带来的利空影响，意大利国债收益率曲线在2016年整体同比上移，且变得更陡。

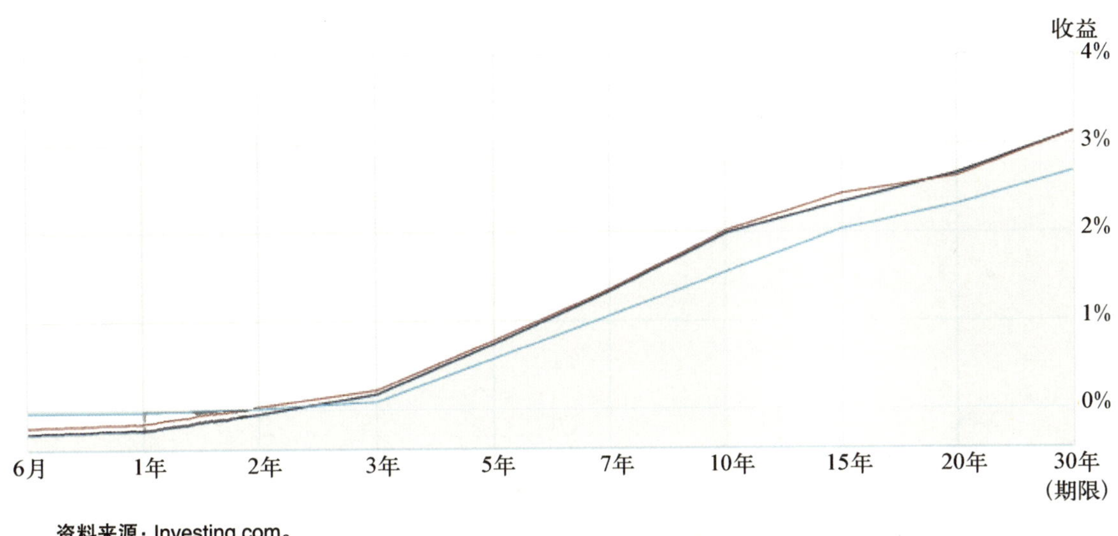

资料来源：Investing.com。

图39　意大利国债收益率曲线

此外，图40根据截至2016年12月30日的数据将2年期、5年期、10年期和30年期意大利国债收益率进行了对比。

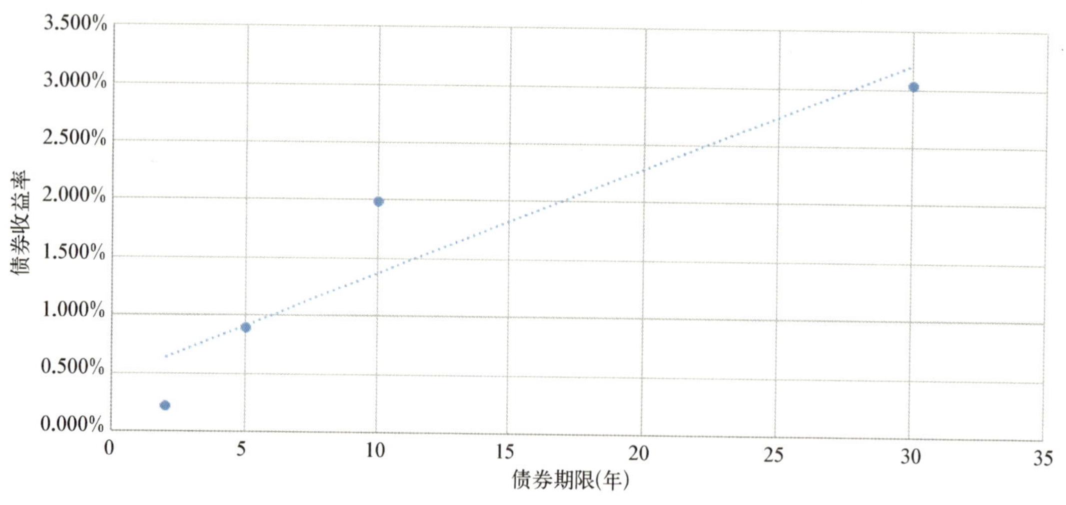

图40　意大利国债收益率

2. 中美债市的相关性分析

以10年期国债为例,比较中美国债市场的收益率波动情况。图41中蓝线为10年期中国国债收益率走势,虚线为10年期美国国债收益率走势。

资料来源:tradingeconomics.com。

图41　中美10年期国债收益率比较

通过比较我们可以发现,中美国债收益率走势存在趋同也有背离,长期而言,整体走势呈正相关性,但少数时间段也会出现负相关性。在2008年以前的大部分时间内,美国国债收益率相对于中国国债收益率具备一定的领先性,投资者可以通过对美国国债收益率的观

察来预测中国国债的走势。然而在2008年后，中美两国之间国债收益率的领先和滞后关系也有变化。同时中国国债收益率也在一定程度上高于美国。

中美利差在2011年后开始逐步扩大，于2014年拓至最宽，但由于特朗普赢得美国大选后，美元指数升至逾10年高点，美国国债大幅下跌推高美元中长期利率，10年期美国国债收益率急剧拉高，使该期限中美利差11月一度缩窄至不足50个基点，创2011年以来的新低。

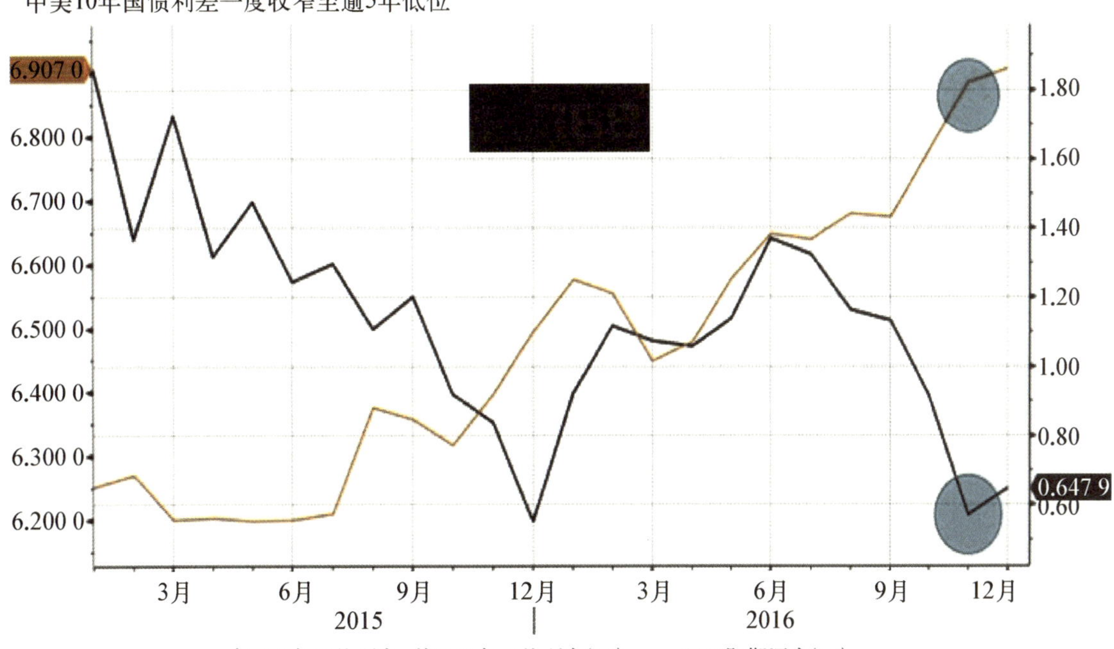

资料来源：FX168财经网。

图42　中美10年国债利差

中美利差在2016年底再度面临倒挂风险的逼近。通常来讲，利差倒挂会导致资本从中国流向收益率更高的美国，但奇怪的是，在2002～2003年、2005～2007年以及2009年前后出现的三次倒挂现象中，中国不但没有出现不可控的资本外流，反而出现了大规模的资本流入，人民币也受到了强劲支撑。主要原因在于，这三次倒挂现象中人民币资产的赚钱效应并未消失，多数资产在抹平利差后都能继续提供正投资回报率。但是，一旦中美利差在2017年出现7年来的首次倒挂，加上没有一项人民币资产在抹平利差后能继续提供正投资回报率，人民币贬值和资本外流的风险将会急剧上升。

（四）2016年货币市场表现

1. 2016年主要货币走势回顾

（1）美元指数

美元指数是衡量美元在国际外汇市场上汇率变化的一项综合指标，由美元兑六个主要国际货币（欧元、日元、英镑、加元、瑞典克朗和瑞士法郎）的汇率经过加权几何平均数计算得出。

2016年美元指数整体呈现出震荡上升的局势，美联储加息预期成为贯穿全年的主要引导因素，期间一系列“黑天鹅”事件的影响也相当关键，例如，英国脱欧、特朗普赢得美国大选等。此外，欧、日央行扩大宽松政策的做法也进一步加大了政策背离程度，从而最终为美元上涨提供了推力。

美元指数2016年开于98.59，受美联储加息提振，于12月15日触及年内最高103.56，且为14年来最高。而4月份时，美联储议息会议释放出鸽派信息令当时的加息预期愈加悲观，美元指数惨遭重创，于5月3日下探年内最低91.92，同时也是2015年1月以来的最低。最终收于102.39，全年上涨3.85%，连续4年攀升（见图43）。

第四季度，美元指数大涨约7.1%，逾半升幅是在11月8日美国大选后录得的。特朗普胜选令投资者预期，其加大财政刺激力度的计划对美元有利。美联储预计2017年会加快升息步伐，也助燃了美元的涨势。多位分析师都已表示，2017年美元升势仍可期，但指出，鉴于对特朗普政府会容忍美元升值多少有疑虑，美元有走软的风险。

（2）欧元/美元

2016年，欧元整体呈现出震荡下行的走势，兑美元更是大幅下挫，这与欧洲央行进一步扩大宽松政策密不可分。此外，英国脱欧、恐怖袭击、意大利修宪公投等一系列“黑天鹅”事件的出现也令欧元承受着较大的压力。

欧元/美元2016年开于1.085 8，受避险需求推动和美联储加息预期一度降温的支撑，

图43　美元指数走势

于5月3日触及年内最高1.161 3，达到欧洲央行在欧元区经济预估中所假设的水准，引发外界揣测会有官员出面谈话压低欧元汇率，之后果然开始震荡下挫。美联储最终于12月完成年内首次加息，欧元/美元也在12月15日下探至年内最低1.036 4，创下了自2003年8月份以来的最低水平，当时触及1.035 7美元，距离市场预期的平价已经不远。最终收于1.051 3，全年下跌3.2%，连续3年下跌（见图44）。

图44　欧元/美元指数走势

（3）美元/日元

2016年日元呈现出“V”形走势。虽然日本央行于年初实施了负利率政策，但受到避险需求的提振，日元不跌反升，一度逼得日本高层屡屡口头干预，并威胁将采取新一轮措施打压日元，不过随着政策背离现象的出现，美元/日元于年末重启涨势。

美元/日元2016年开于120.18，年初在1月29日触及年内最高121.68，因日本央行的宽松政策加大了两国央行的政策背离状况。而8月16日，受美联储加息预期降温和英国脱欧等风险事件的影响，日元大受提振，汇价触及年内最低99.53。最终收于116.94，全年下跌2.7%，创5年来首个年度跌幅（见图45）。

图45　美元/日元指数走势

（4）英镑/美元

2016年英镑阶段性下跌，上半年整体属于横盘震荡，但6月底受英国脱欧的影响出现了年内第一次大跌，脱欧消息公布的当日英镑/美元一度暴跌10.6%至1.330 5，较日内高点崩跌逾1 700点。之后由于经济数据表现较好，脱欧影响并未完全展现，市场风险情绪企稳帮助英镑也止住了跌势。10月7日，亚市早盘，英镑/美元出现了年内第二次大跌，一度跌幅达到6%，创下英国脱欧公投以来盘中最大跌幅。英镑/美元一度跌至1.182 1，为1985年3月以来的最低水平。除了部分交易员怀疑算法交易指令是此次大跌的导火索以外，英国首相特雷莎·梅关于英国脱离欧盟的正式程序将在2017年3月底前启动的言论也引发了市场对英国硬脱欧可能性的担忧。之后虽然还经历了意大利修宪公投和美国大选的冲击，但英镑年末紧守阵地，并赢得了部分上行空间。

英镑/美元2016年开于1.473 7，因支持留欧阵营一度领先，于6月24日触及年内最高

1.501 4，但随着英国意外脱欧的结果出炉，英镑承压暴跌。而英国可能出现硬脱欧状况的担忧令英镑于10月7日下探年内最低1.182 1。最终收于1.233 6，全年下跌16.3%，连续3年下跌的同时创造了2008年来最差的年度表现（见图46）。

图46　英镑/美元指数走势

（5）澳元/美元

2016年澳元宽幅震荡，年初下探低位后一路上涨，之后经历了几次大幅波动后重新跌回年初开盘价附近。

澳元/美元2016年开于0.729 5，受大宗商品价格低迷以及中国经济放缓忧虑的双重打压，于1月15日触及年内最低0.682 6，为2009年3月以来的新低。之后一度受大宗商品价格反弹以及美联储9月加息预期降温的支撑开始走高，并于4月21日触及年内最高0.783 4。大宗商品价格、中国经济前景以及美联储加息预期是影响澳元走势的关键，整个下半年澳元均表现出宽幅震荡走高的态势，但由于美联储12月实施加息，澳元/美元最终收于0.721 5，全年下跌1.1%，连续4年下跌。

（6）美元/加元

2016年对于加元来说属于收复失地，虽然油价整体低迷拖累加元承压下行，同时隔壁邻居美联储的紧缩政策更是加大了两国政策背离的程度，不过随着石油输出国组织（OPEC）于11月30日达成8年来的首个减产协议，油价强势反弹也带动了加元走高，即使美联储12月实施加息又再度给加元予当头一棒。

美元/加元2016年开于1.384 3，由于油价前景低迷和加拿大央行实施降息，于1月20日触及年内最高1.468 8，但之后因美联储加息预期一度降温，于5月3日触及年

图47　澳元/美元指数走势

图48　美元/加元指数走势

内最低1.246 0。不过随后美国的经济数据表现强劲支撑，加息预期逐渐升温，而年内油价整体呈现低迷态势，加元开始重归跌势，直到石油输出国组织（OPEC）达成减产协议，提振油价飙升才收复部分失地。最终收于1.343 0，全年重挫3%，录得4年来的首次下跌。

（7）美元/离岸人民币

2016年人民币贬值压力不断地加大，至年底更是升至顶峰。美元受美债收益率攀升和美联储紧缩政策的影响一路走高，而人民币受中国经济放缓担忧和资金外流影响贬值的压力陡增。

美元/离岸人民币2016年开于6.493 6，之后便稳步走高，于年底达到高峰，在12月16日触及年内最高6.960 9，同时刷新8年半来的高位，主要因美联储完成年内首次加息并暗示2017年将加息3次，这比市场预期更为鹰派。最终收于6.944 5，全年上涨7%，连续3年走高，且3年涨幅连年扩大，暗示人民币贬值的压力正在加大。

图49　美元/离岸人民币指数

2. 主要货币波动率分析

一般投资者理解的波动率是将计算价格或收益率的标准方差进行比较。样本标准差都是衡量一个样本波动大小的量，样本标准差越大，样本数据的波动就越大。即使两组数据的平均值相同，也可能会得出不同的标准方差，其中，标准方差较大的一组数据说明个体之间的波动较大。

本书选取2016年各个主要货币对的全年日收盘价计算得出的标准方差作为波动率参考，结合全年涨跌幅进行投资比较。其中，美元指数全年上涨3.85%，波动率为2.432 1；欧元/美元全年下跌3.2%，波动率为0.025 2；美元/日元全年下跌2.7%，波动率为5.756 1；英镑/美元全年下跌16.3%，波动率为0.084 9；澳元/美元全年下跌1.1%，波动率为0.021 4；美元/加元全年下跌3%，波动率为0.040 8；美元/离岸人民币全年上涨7%，波动率为0.135 8（见图50）。

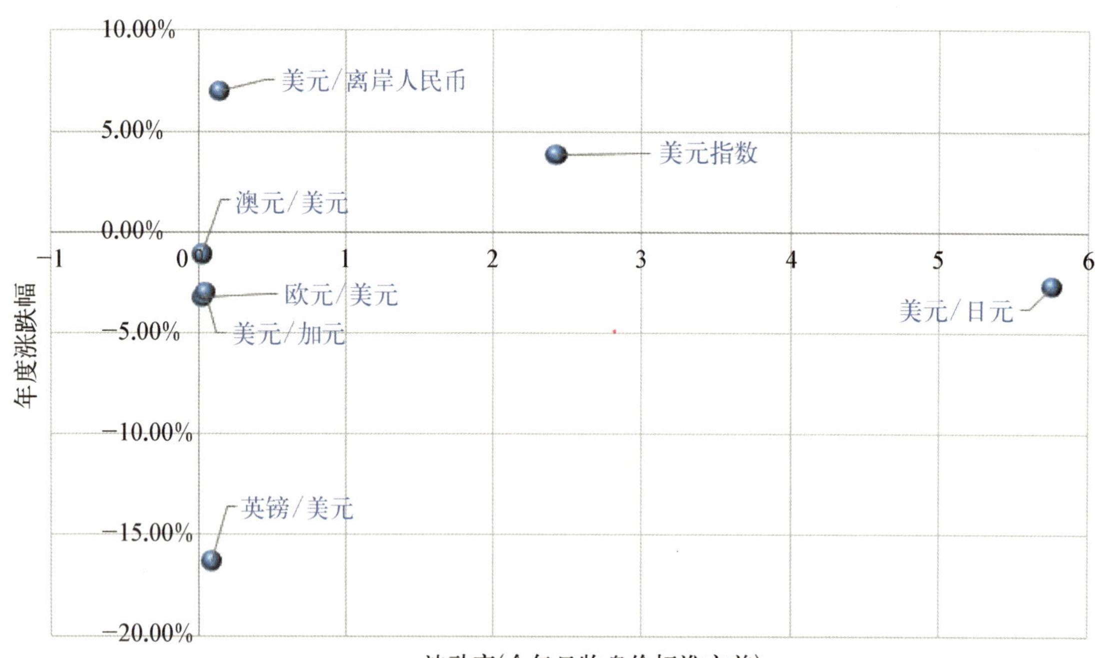

图50　2016年主要货币涨跌和波动率表现

通过数据比较可以看出,2016年日元走势最为波动,澳元则相对最为稳定。不过结合涨跌幅情况分析得出,2016年美元/离岸人民币的波动率较低,同时涨幅最大,因此综合表现最好,针对美元做空人民币的操作收益回报较好。同时由于英镑/美元波动率较低,跌幅最大,因此针对美元做空英镑的操作是2016年收益回报最好的外汇投资策略。

（五）2016年贵金属/商品市场表现

1. 黄金市场：先涨后跌　总体略涨

2016年，黄金经历了大起大落，先涨后跌，总体略涨。下面分现货黄金和期货黄金两个方面进行阐述，其中现货黄金价格采用伦敦金数据，如无特殊说明，本书所述金价均为伦敦金报价；期货黄金价格采用纽约金属交易所（CMX）黄金连续合约GLNO数据。

伦敦金是国际上最活跃的现货黄金品种，2016年先涨后跌，年度涨幅7.13%（见图51）。具体来看，以7月8日为分界线，之前为伦敦金的上涨阶段，之后为伦敦金的下跌阶段。年初到3月上旬，对美联储加息预期看淡，伦敦金不断上攻，终结了2015年以来的跌势，从1月4日的1 074.60美元/盎司上涨至3月10日的1 272美元/盎司，上涨197.40美元/盎司，涨幅18.37%。之后伦敦金在1 259.1～1 292.6美元/盎司区间窄幅震荡，直到5月初才有了较大行情的爆发。6月美联储加息失败促使伦敦金由跌转涨，伦敦金走了一个“V”形反

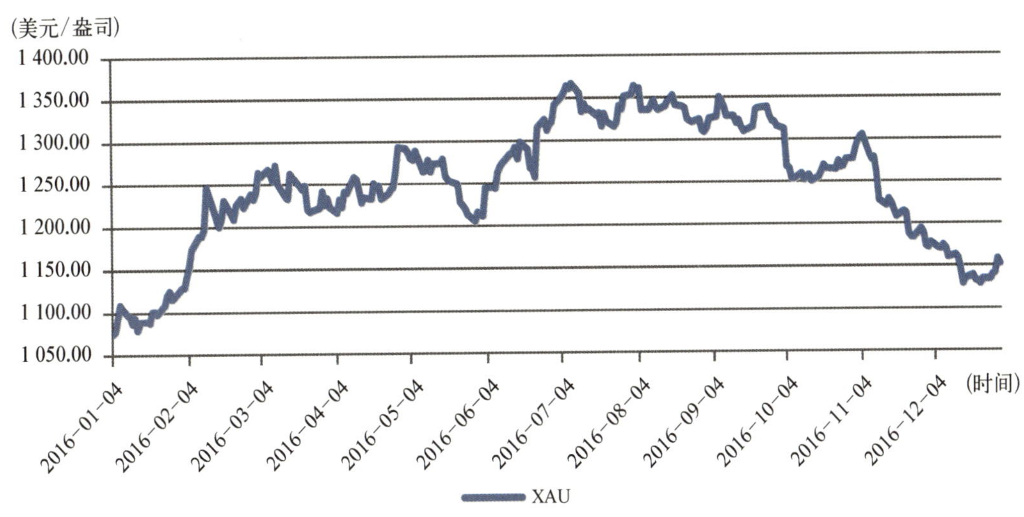

数据来源：FX168财经集团数据库，采用的数据为现货伦敦金数据，数据范围为2016年1月4日～2016年12月30日。

图51　2016年伦敦金先涨后跌，年度涨幅7.13%

转，6月23日英国脱欧公投表决之后，欧洲经济的不确定性加剧了伦敦金的涨势，伦敦金于7月8日上冲至年度最高点1 366.4美元/盎司，年内大涨势终结。随后，美国的经济数据促使市场对美联储加息预期增强，美元指数开始上行，伦敦金呈震荡下行的走势。11月的特朗普胜选和12月的美联储加息成功加大了伦敦金的跌势，打压伦敦金跌至1 128.10美元/盎司的低点，稍后略有反弹。截至12月30日，伦敦金报价1 151.20美元/盎司，较前一日1 157.40美元/盎司跌6.20美元/盎司，不过在一周内仍有上涨，至此伦敦金完美收官。

同伦敦金一样，2016年期货黄金GLNO合约亦是先涨后跌，年内涨幅7.11%（见图52）。截

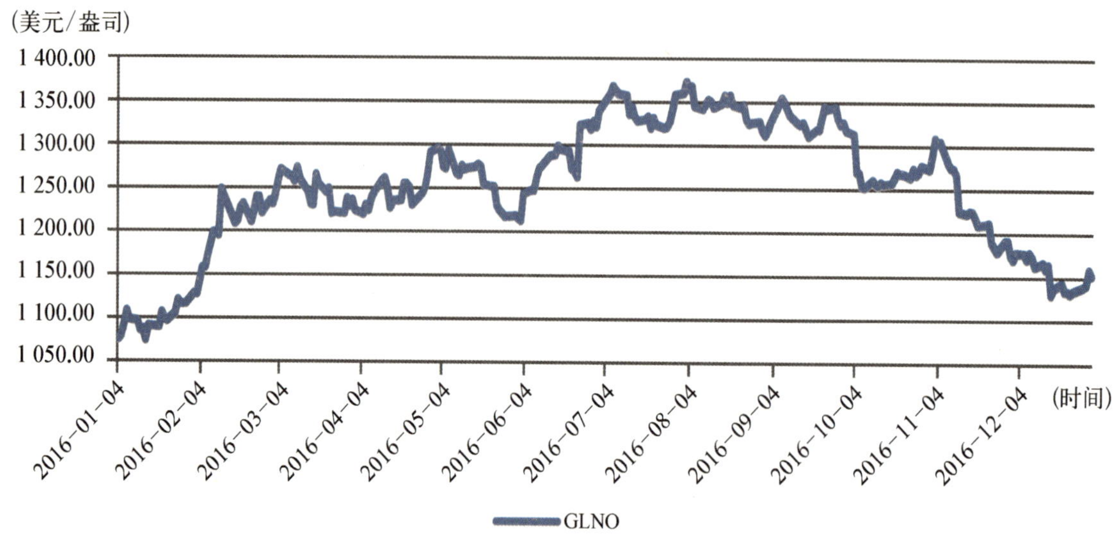

数据来源：FX168财经集团数据库，采用的为纽约商品交易所黄金连续数据，数据范围为2016年1月4日～2016年12月30日。

图52 2016年黄金期货合约GLNO先涨后跌，年度涨幅7.11%

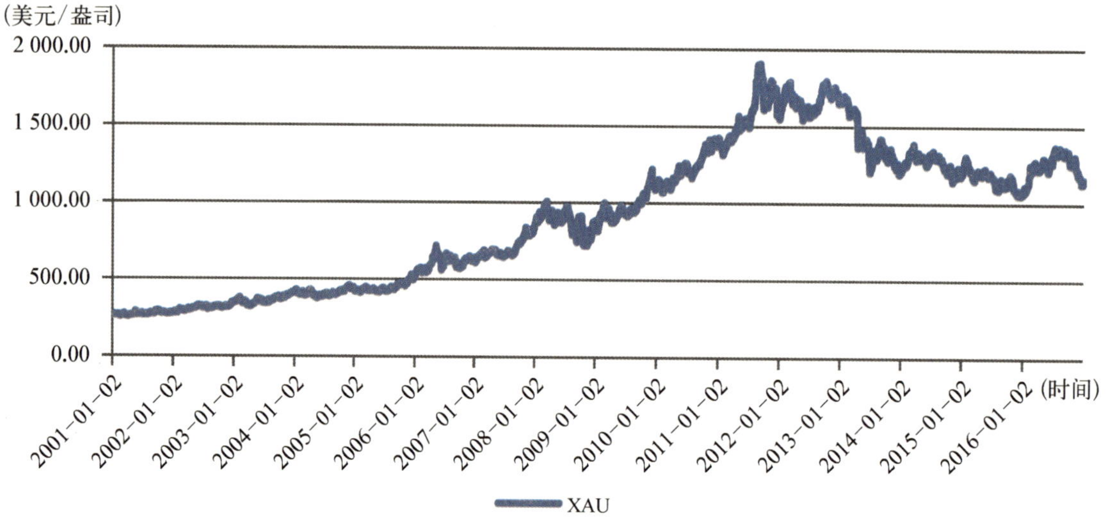

（美元/盎司）
2 000.00
1 500.00
1 000.00
500.00
0.00
2001-01-02 2002-01-02 2003-01-02 2004-01-02 2005-01-02 2006-01-02 2007-01-02 2008-01-02 2009-01-02 2010-01-02 2011-01-02 2012-01-02 2013-01-02 2014-01-02 2015-01-02 2016-01-02（时间）
XAU

数据来源：FX168财经集团数据库，采用的数据为伦敦现货金数据，数据范围为2001年1月2日～2016年12月30日。

图53 2001～2016年伦敦金价格走势

至12月30日，期货黄金GLNO合约报价1 151.70美元/盎司，较1月4日上涨76.50美元/盎司，尽管较12月29日略有缩窄，但其也摆脱了多日来的阴跌局势，为2017年奠定了好的开端。

近16年来，金价可以分为明显的两个阶段：2001年～2011年7月的上涨期和2011年8月～2015年12月的下跌期。2016年初开始扭转2011年8月以来的跌势，有一波反弹，2016年7月有所回落，目前尚处于反弹回落期。从长期价格走势来看，金价是否只是下跌趋势中的一个短暂反弹，还是会就此反转，需要重点关注2015年创下的重要支撑位1 050美元/盎司，一旦跌破该位置，金价或会延续跌势继续下行，如果尚未破位，金价或可还有一波反弹，因此，金价目前所处周期尚不明朗。

2. 白银市场：先涨后跌　总体上涨

同黄金一样，2016年白银也经历了先涨后跌，回吐大部分涨价，但总体呈上涨的趋势。仍然从现货和期货两方面进行分析，其中现货白银价格采用伦敦银数据，如无特殊说明，本文所述银价均为伦敦银报价；期货白银价格采用纽约金属交易所（CMX）白银连续合约SLNO数据。

伦敦银在2016年先涨后跌，年度涨幅14.86%，总体表现要好于黄金（见图54）。具体来看，8月2日是伦敦金年内上涨和下跌的分界点，该时间节点要滞后伦敦金近1个月。与伦敦金年初即开始快速拉升不同，截至4月4日，伦敦铜累计上涨1.06美元/盎司，涨幅为7.65%，而伦敦金此时涨幅已经高达13.12%。自4月4日起，伦敦银涨幅加速，两大浪将其拉升至年内最高点20.62美元/盎司，上涨5.70美元/盎司，涨幅为38.2%。自此之后，伦敦银开始震荡下行，中间虽有所反弹，但都不能创新高。截至12月30日，伦敦银报价15.92美元/盎司，较前一日的16.13美元/盎司下跌0.21美元/盎司，但在当周内仍上涨0.20美元/盎

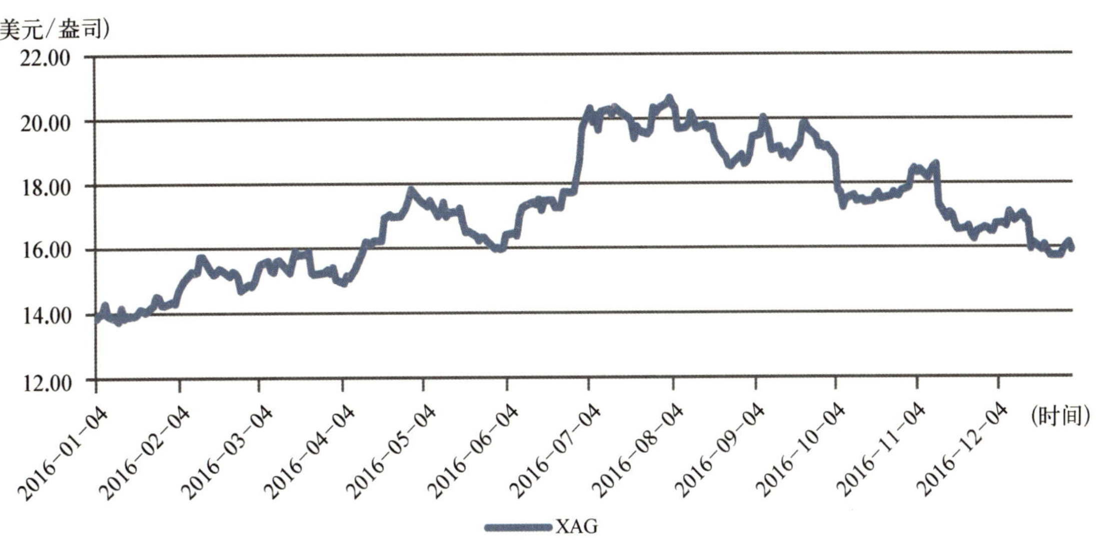

数据来源：FX168财经集团数据库，采用的数据为现货伦敦银数据，数据范围为2016年1月4日～2016年12月30日。

图54　2016年伦敦银先涨后跌，年度涨幅14.86%

司，再度反弹。

同伦敦银类似，2016年白银期货合约SLNO也是先涨后跌，年内总体上涨15.52%（见图55）。8月2日是年内最高点，为2 070.10，将2016年划分为上涨和下跌两个阶段，其中涨跌走势与伦敦银一样，不再赘述。截至12月30日，白银期货合约报1 598.90，较前一日下跌22.90，跌幅为1.41%，但当周内并没有下跌，已有反弹势头。

近16年来，银价可以分为明显的两个阶段：2001年～2011年4月的上涨期和2011年5月～2015年12月的下跌期。2016年初开始扭转2011年4月以来的跌势，有一波反弹，

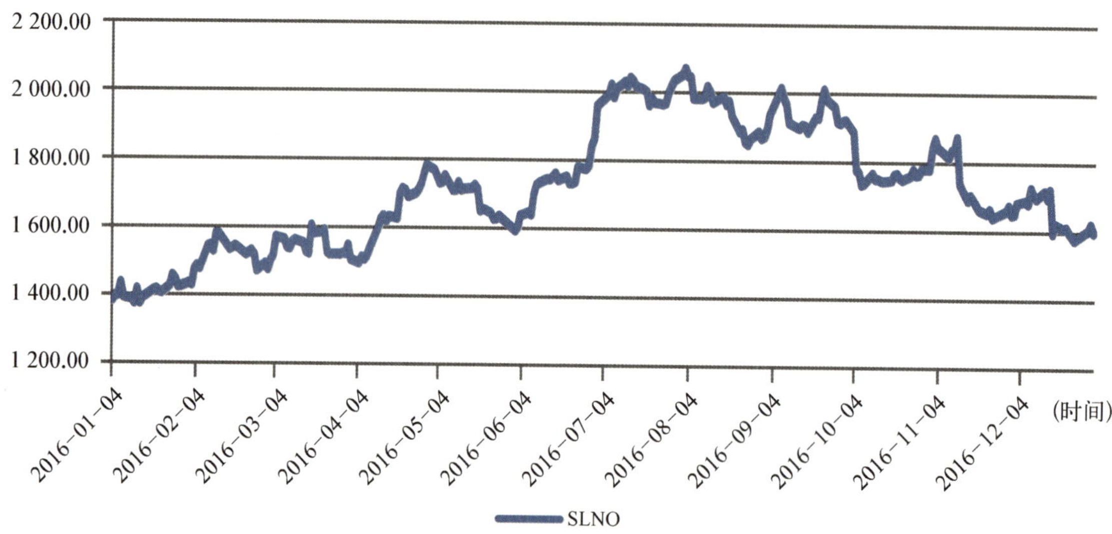

数据来源：FX168财经集团数据库，采用的为纽约商品交易所白银连续合约SLNO数据，数据范围为2016年1月4日～2016年12月30日。

图55　2016年白银期货合约SLNO先涨后跌，年度涨幅15.52%

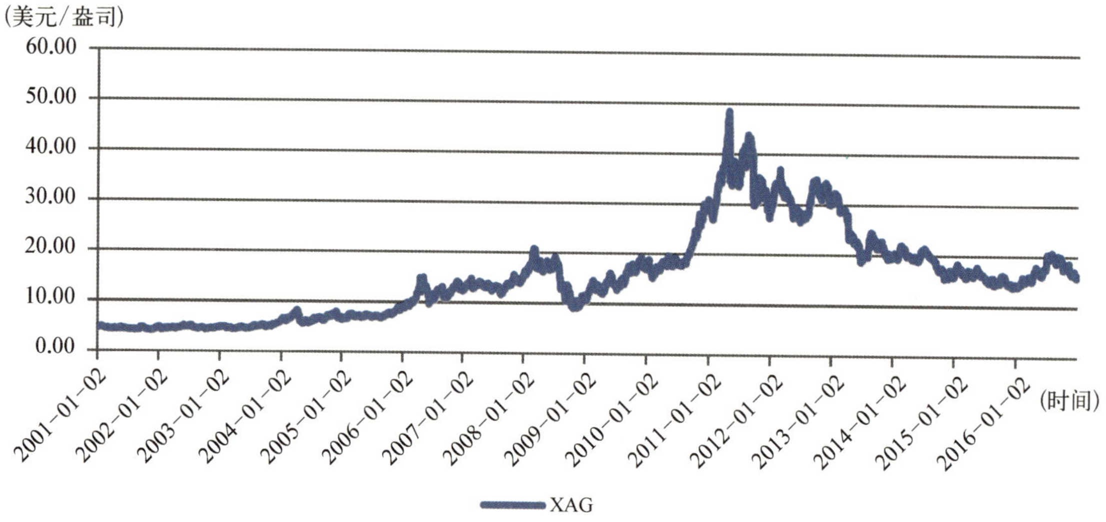

数据来源：FX168财经集团数据库，数据范围为2001年1月2日～2016年12月30日。

图56　2001～2016年伦敦银价格走势

2016年8月有所回落，目前尚处于反弹回落期。从长期价格走势来看，银价是否只是下跌趋势中的一个短暂反弹，还是会就此反转，需要重点关注2015年创下的重要支撑位14美元/盎司，一旦跌破该位置，银价或会延续跌势继续下行，如果尚未破位，银价或可还有一波反弹，故此，银价目前所处周期尚不明朗。

3. 原油市场：震荡上行　年内大涨

原油市场近一年震荡上行，年内大涨，下面将从WTI原油和Brent原油分别阐述，其中，WTI原油采用纽约商品交易所（NYME）原油连续合约CONO日收盘数据，Brent原油采用伦敦原油交易所（IPE）布油连续合约OILO日收盘数据，如无特殊说明，文中原油价格均以WTI原油连续价格作为基准。

WTI原油近一年震荡上行，年度大涨46.14%（见图57）。具体而言，受美国原油库存攀升和伊朗核制裁解除的影响，2月上旬之前WTI原油延续2015年以来的跌势，油价从1月4日的36.76美元/桶跌破30美元/桶，达到26.21美元/桶的年度低点，跌幅近28.70%；此后受市场对产油国达成减产预期的增强，2月中旬开始油价开启一波上涨行情，从年度低点一度突破50美元/桶的关卡，于6月8日达到51.23美元/桶的高点。而后油价经历了一波回调，于8月2日跌破40美元/桶的关口，达到39.51美元/桶；之后WTI油价一直在40美元/桶～50美元/桶的高位震荡，直至11月30日减产协议正式达成，WTI才再度冲破50美元/桶的关口。截至12月30日，WTI原油连续报价53.72美元/桶，较年初上涨16.96美元/桶。

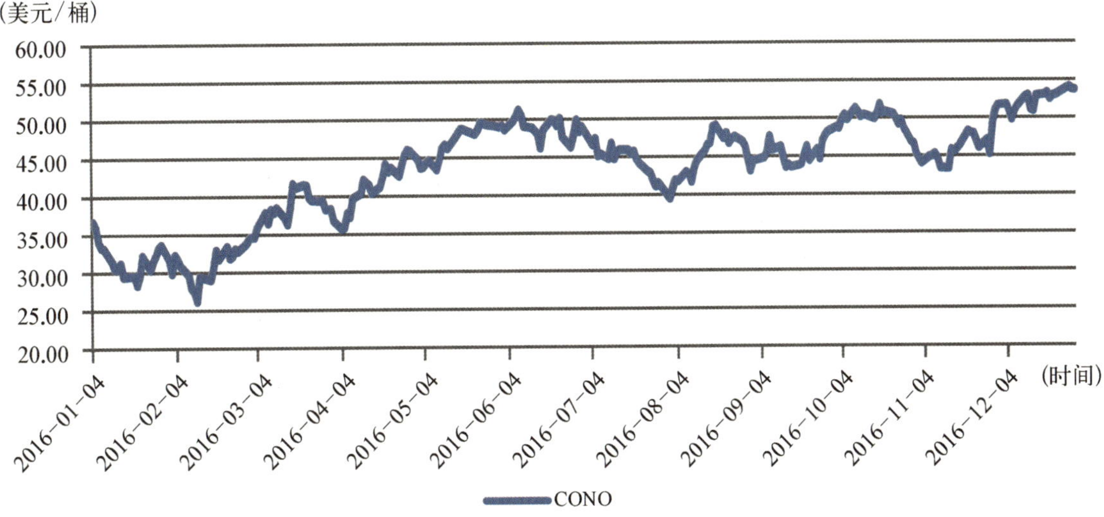

数据来源：FX168财经集团数据库，WTI原油价格采用纽约商品交易所（NYME）原油连续合约CONO日收盘数据，数据范围为2016年1月4日～2016年12月30日。

图57　2016年WTI原油震荡上行，年度涨幅46.14%

Brent原油与WTI原油的走势情况类似，震荡上行，年内涨幅为52.66%（见图58）。年内布油连续一度跌至27.88美元/桶，最高价为12月28日达到的56.96美元/桶，年度波幅达29.08美元/桶。截至12月30日，Brent原油连续合约OILO报价56.82美元/桶，较年初上涨

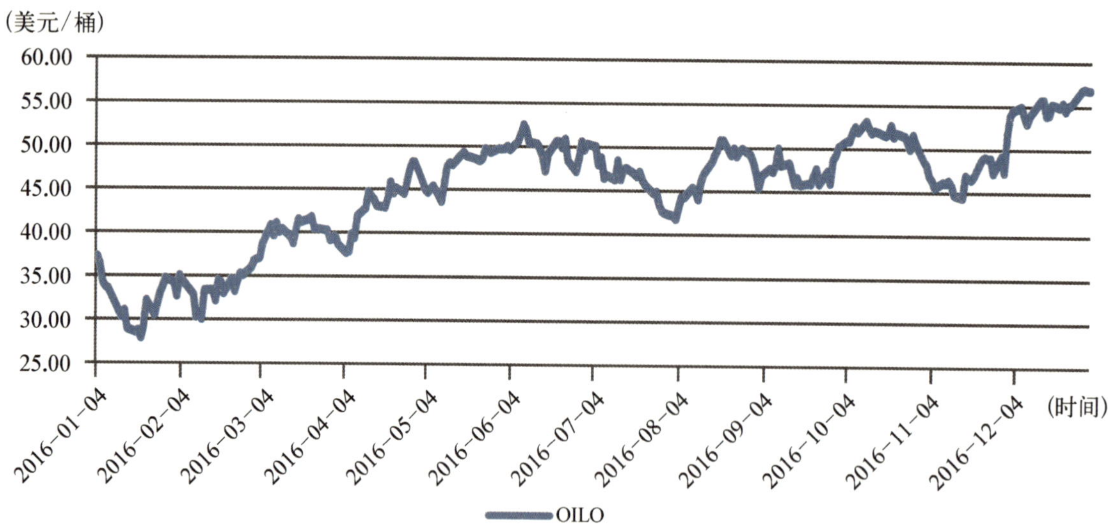

数据来源：FX168财经集团数据库，布伦特油价采用伦敦国际原油交易所（IPE）布油连续合约OILO日收盘数据，数据范围为2016年1月4日～2016年12月30日。

图58　2016年Brent原油连续震荡上行，年度涨幅52.66%

19.60美元/桶。

近16年来，油价经历了较大的波动，从一度低于20美元/桶跃居到140美元/桶，两者相差6倍多（见图59）。具体而言，这一段时间基本上经历了两个较长的周期，即2001～2009年和2009～2015年。第一个长周期历时约8年，突出的表现是油价从近20美元/桶的位置上涨至140美元/桶的位置，而后又回归到33.87美元/桶的低点位置；第二个长周期波幅较第一个长周期波幅要小，最高点为113.93美元/桶，总幅度约80美元/桶，幅度还是比较大的。但是该上升周期较短，至2011年上半年即已触顶，在2014年上半年一

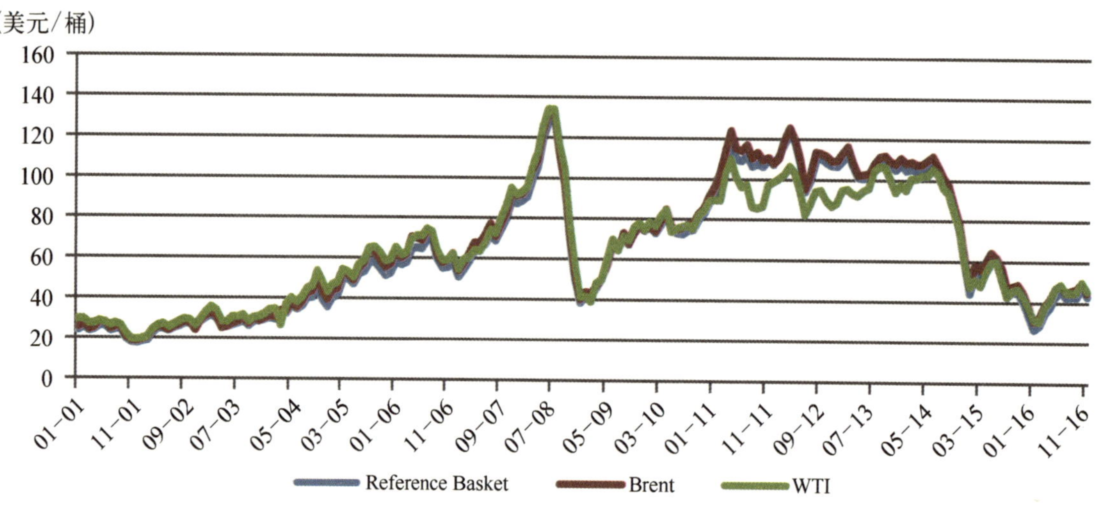

数据来源：OPEC月报，采用数据为次年1月月报公布的上一年季度数据。

图59　当前油价处于2015年跌势结束后的底部反弹阶段

直处于高位震荡期，油价基本上维持在80美元/桶以上。自2014年下半年开始，油价开始下滑，并于2016年1月份触底。如前所述，2016年油价总体大涨，涨幅在40%以上，但相较历史价格来看，目前原油价格尚处历史低位，处在2015年跌势结束后的底部反弹阶段。

4. 铜市场：前期震荡为主　年末急速拉升

2016年铜市场前期表现平淡，以震荡为主，10月下旬开始急速拉升，年内总体大涨。下面将从现货铜和期货铜两方面分别进行阐述，其中现货铜采用伦敦金属交易所（LME）A级铜现日收盘数据，期货铜采用纽约商品交易所（CMX）精铜连续合约CHCO日收盘价数据，如无特殊说明，文中铜价均以伦敦A级铜现作为基准。

伦敦铜近一年前期表现平庸，得益于年末的大涨，年度涨幅为18.41%（见图60）。以10月21日为分界线，伦敦A级铜现分成震荡和暴涨两个阶段。自2016年初至10月，与火爆的其他大宗商品相比，伦敦铜可谓不温不火，在[4 310，5 096]区间宽幅震荡。具体而言，承接2015年末的跌势，年初伦敦铜进一步下行，从1月4日的4 645美元/吨下跌至1月15日的年度低点4 310美元/吨；伴随世界经济转暖，伦敦铜于1月中旬开始上攻，并于3月18日达到年度高点5 096美元/吨。但自3月下旬开始，伦敦铜开始回落，受油价提振影响，伦敦铜5月3日冲至5 064美元/吨的高点。在此之后伦敦铜步入跌势，并在6月10日跌至年初收盘价之下，为4 504美元/吨。此后，伦敦铜又有两浪冲高，但是越来越势微，无法再度突破之前的高点，10月21日再度跌至4 637美元/吨。10月下旬，欧美经济数据表现华丽，叠加中国去产能效应，需求预期回暖，伦敦铜急速拉升，一度上破5 900美元/吨的关口，达到5 935美元/吨，期间特朗普胜选有关加大基建的言论也起了推波助澜的作用。而今，伦敦铜有所回落，截至12月30日，报价5 500美元/吨，年度上涨855美元/吨，仍然居于年内高位。

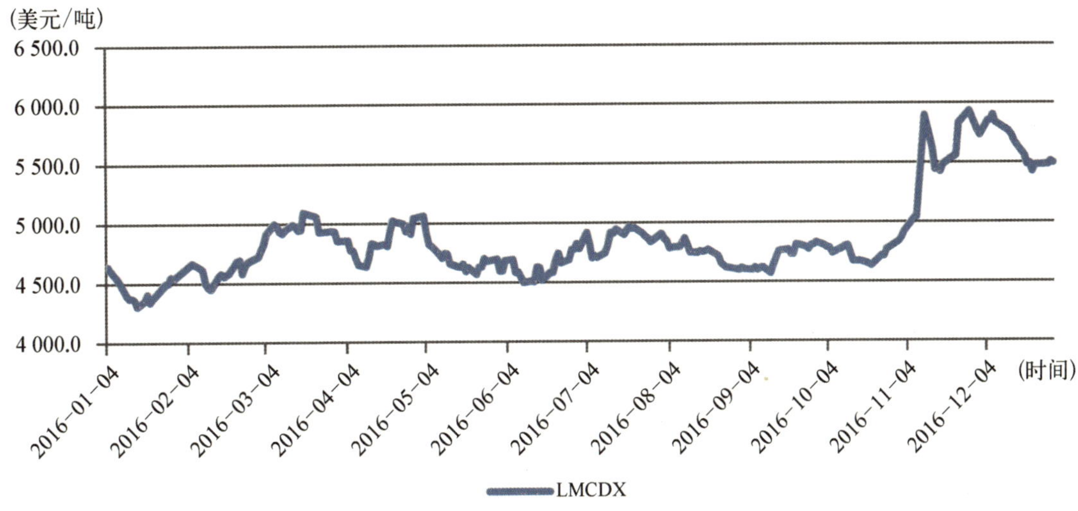

数据来源：FX168财经集团数据库，铜价为伦敦A级铜现日收盘价，数据范围为2016年2月19日～2016年12月30日。

图60　2016年伦敦A级铜现全年收涨18.41%

同伦敦铜一样,纽约精铜之前连续10月也是以震荡为主,后期大涨,年内涨幅为20.49%(见图61)。10月上旬之前,精铜连续合约CHCO在[194, 230]区间宽幅震荡,10月下旬之后强势冲高后有所回落。截至12月30日,纽约精铜连续合约报价250.55美分/磅,较年初上涨42.6美分/磅。

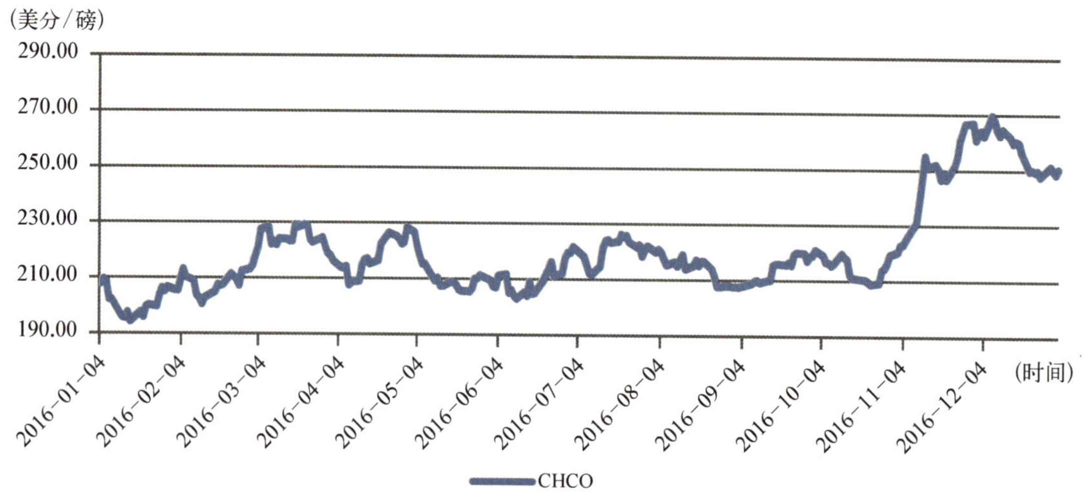

数据来源:FX168财经集团数据库,铜价采用纽约商品交易所(CMX)精铜连续合约CHCO日收盘价,数据范围为2016年1月2日~2016年12月30日。

图61　2016年美精铜连续合约CHCO年度收涨20.49%

自2001年截至当前,伦敦铜现基本完成两个长周期,即2001年~2009年2月和2009年2月~2016年1月两个阶段,第一个周期长度约为8年之久,第二个周期为6年。当前2011年以来的跌势已告结束,铜价底部震荡后反弹(见图62)。具体来看,第一个周期在底

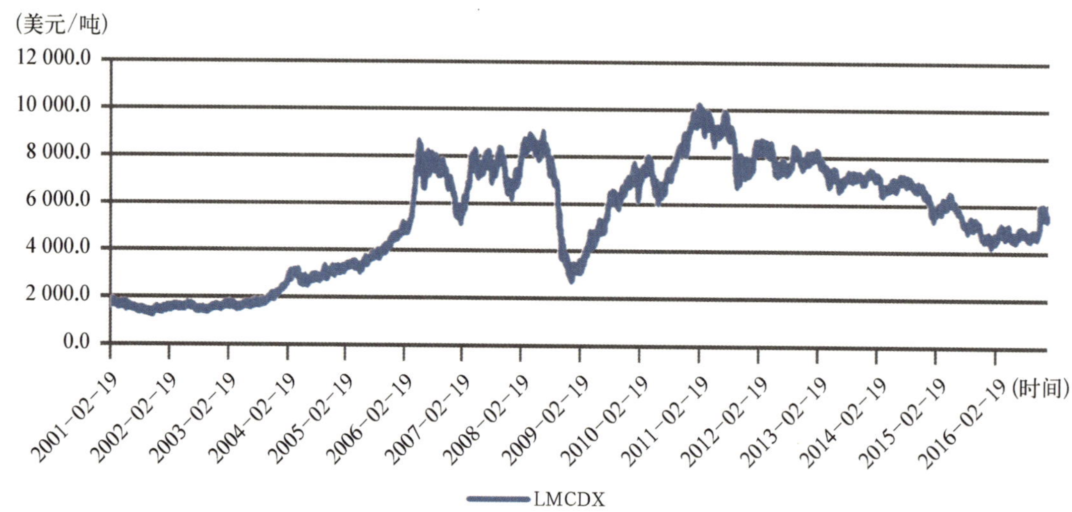

数据来源:FX168财经集团数据库,铜价采用伦敦A级铜现日收盘价格,数据范围为2001年2月19日~2016年12月30日。

图62　当前伦敦铜现处于2011年跌势结束后的触底反弹阶段

部徘徊的时间较长，接近3年，伦敦铜一直在2 000美元/吨以下，直至2003年10月末才突破2 000美元/吨的关口，开启一番涨势；2006年下半年至2008年上半年是铜价的高位震荡期，伦敦铜基本上位于6 000美元/吨的高位；而后仅用了半年时间，铜价就跌破4 000美元/吨关口，触及2 778美元/吨的低点。第二个周期涨势比较迅猛，基本没有低位整理即开始强力反弹，并于2011年12月份突破10 000美元/吨的关卡，而下跌阶段则经历了较长时间，达5年之久，铜价再度跌回到4 300美元/吨的附近，可以说，4 300美元/吨是铜价的一个强有力的支撑。经过2016年年初至10月的底部震荡，伦敦铜出现企稳上涨，已经达到2009年7月末的水平，有望复制该时间段的行情，进一步上行。

5. 粮食市场：单边下跌　2011年以来的历史低位

由于供给充足、需求疲软、美元走强以及对丰收前景的看好，全球粮食价格进一步下跌，而今已经处于2011年以来的历史低位。为方便评价全球粮食价格整体走势，本书选择联合国粮食及农业组织（FAO）公布的谷物价格指数月度数据来衡量国际粮食价格，该指数由国际谷物理事会（IGC）的小麦价格指数、1项玉米出口价格和16项稻米价格汇总得出。以下论述皆以名义价格为准。2016年，全球谷物价格指数延续了2012年7月开启的跌势，呈现单边下跌趋势，而今已经跌破150（见图63）。截至2016年12月，全球谷物价格平均指数报142.1，较11月环比上涨0.7，涨幅为0.46%；同比下跌9.50，跌幅为6.28%。具体而言，尽管2016年为厄尔尼诺转拉尼娜年，但是受2015年高库存的影响，第一季度粮食价格指数继续承压，微幅下跌，从1月的149.1跌至3月的147.6，下跌1.5，跌幅为1%；4月伊始，受益美元走弱和投资资金进入，全球谷物价格指数开始回暖，4月报149.6，较3月上涨2.2，该涨势一直持续到6月，6月谷物指数均值为156.9，达到近一年内的最大值；7月谷物价格指数滞涨下跌，均价为148.1，源于天气情况的好转有益于美国小麦的生产，该跌势一直到10月才告结束；9月谷物指数均值为140.9，达到年内的最低点；得益于美国农业部的产量预期

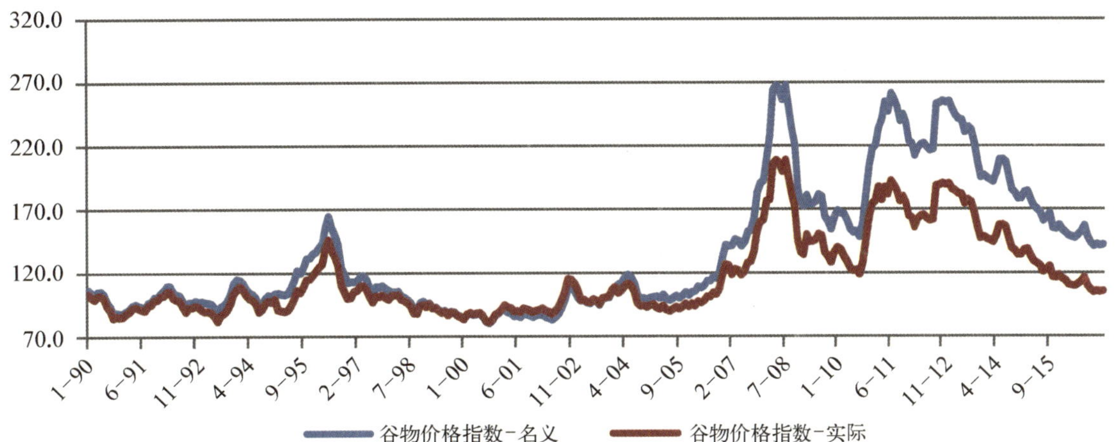

数据来源：联合国粮食及农业组织（FAO），数据截至2016年12月。

图63　全球谷物价格指数延续下跌趋势（2002 — 2004 = 100）

下调，10月谷物价格指数低位微幅反弹，报142.3；然而11月谷物价格又再次下跌。下跌成为2016年国际粮食价格主旋律，目前国际粮价处在2011年以来的历史低位。

细分品种来看，年内小麦、稻谷大跌，玉米略涨，大豆大涨。具体来看（见图64），CBOT小麦期货ZWH7合约年初（1月4日）为458.38美分/蒲式耳，上半年走势可喜，并于6月8日达到年内最大值520美分/蒲式耳，而后一番断崖式下跌，一度跌破400美分/蒲式耳，于8月26日达到年内最低点384.12美分/蒲式耳，而后企稳上行。截至12月30日，小麦报收407.75美分/蒲式耳，年内总波幅135.88美分/蒲式耳，相较年初跌50.63美分/蒲式耳，跌幅达11.05%，居于6年内低值。

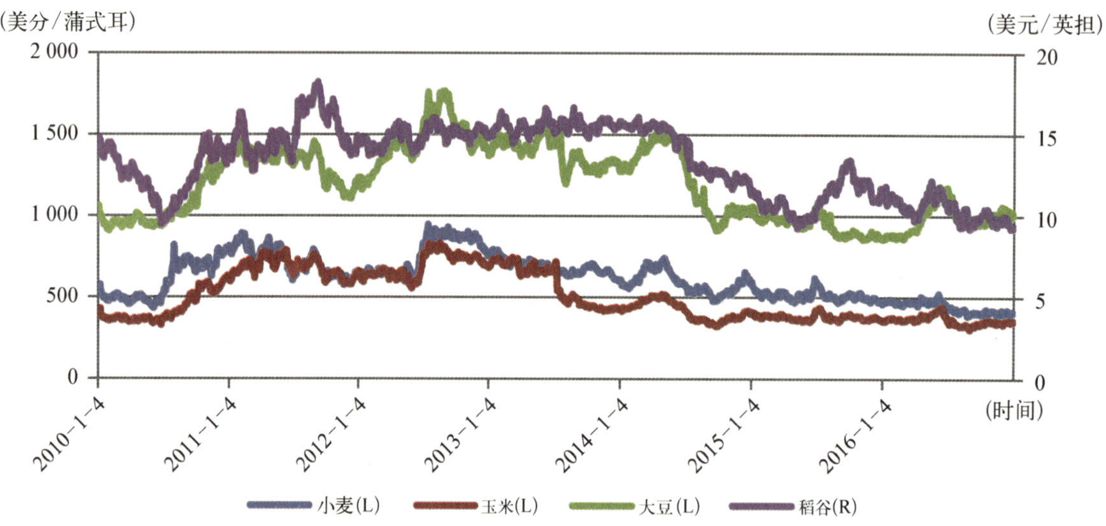

数据来源：Investing.com，小麦采用CBOT期货ZWH7合约日收盘数据，玉米采用CBOT期货ZCH7合约日收盘数据，大豆采用CBOT期货ZSH7合约日收盘价，稻谷采用期货RRF7合约日收盘价，数据范围为2010年1月4日～2016年12月30日。

图64　全球主要农产品价格处于历史低位

CBOT玉米期货ZCH7合约年初（1月4日）报351.5美分/蒲式耳，经过上半年的涨势，于6月17日达到年内最大值437.75美分/蒲式耳。而后也开启下跌模式，并在8月31日触底，达到301.5美分/蒲式耳，之后开始回升。截至12月30日，玉米报收352美分/蒲式耳，全年玉米总波幅136.25美分/蒲式耳，较上年微涨0.5美分/蒲式耳，但玉米价格已经居于历史低位。

稻谷价格较小麦和玉米有较大出入，年内大涨大落，总体呈下跌走势。稻谷期货RRF7合约年初（1月4日）报11.51美元/英担，在1月11日前微幅上涨至11.8美元/英担，而后震荡下跌，于4月6日触及低点9.745美元/英担，随后进一步冲高，达到年内最高点12.145美元/英担后再次下跌，并于8月31日达到年内最低点9.195美元/英担，之后一直在低位震荡，很难再创新高。截至12月30日，稻谷报收9.355美元/英担，年内稻谷总波幅2.4美元/英担，年内下跌2.155美元/英担，跌幅为18.23%，稻谷价格处于历史低位。

大豆2016年表现不错，年内大涨。大豆期货合约（ZSH7）年初（1月4日）报856.12美分/蒲式耳，3月之前一直在低位震荡，震荡区间为856.12～886.38美分/蒲式耳，波动30.26美分/蒲式耳。3月初开始上行，并于6月10日达到年内高点1 179美分/蒲式耳，之后开始下跌，在9月1日触底，达到942.62美分/蒲式耳。9月至10月上旬走势相对平稳，10月下旬开始又一波上行，在11月底见顶后再次下跌。截至12月30日，大豆报收1 005.1美分/蒲式耳，年内总波动322.82美分/蒲式耳，年内上涨148.98美分/蒲式耳，涨幅为17.40%，但仍然改变不了价格已处于低谷的事实。

第2部分

2017年市场展望及投资地图

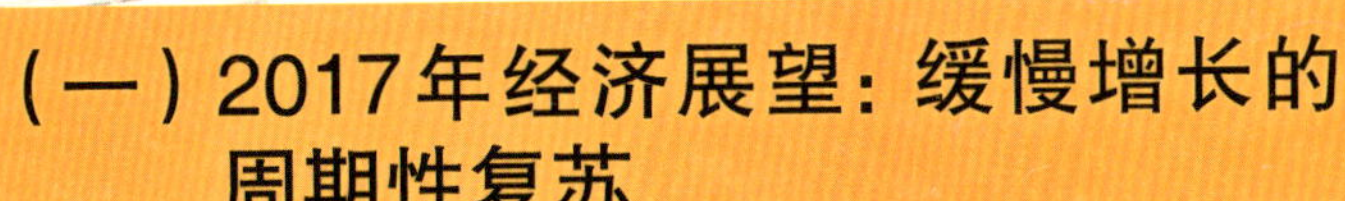

（一）2017年经济展望：缓慢增长的周期性复苏

2017年，世界政治、经济，全球宏观和资本市场存在多方面的不确定性，中美关系充满挑战，贸易战不可避免。

随着实体经济增长继续放缓，全球持续的货币宽松政策将导致流动性进一步"脱实入虚"，成为"资本荒"下推动资产价格的主要动力，并带动资产泡沫风险在部分国家率先抬升。因此，目前全球"资产荒"的根源不在金融市场，而在实体经济。2017年，只要全球实体经济的增长未有实质性改善，"资产荒"仍将延续甚至加深。

短期来看，全球流动性拐点尚未到来，各主要经济体将继续维持货币宽松政策，直至触及各自的政策极限。长期来看，由于政策极限存在差异，部分经济体会率先扭转货币政策方向，全球货币政策将出现明显的分化。

2017年，全球经济的中长期前景将取决于美、中、欧"三极"的结构性改革进展。

预计，2017年全球经济仍将走"慢"步增长路。

根据IMF 2017年1月发布的《2017年世界经济展望报告》，2017～2018年发达经济体以及新兴和发展中国家的经济活动预计都将加快，这两年的全球增长率预计将分别达到3.4%和3.6%：

（1）预计发达经济体2017年增长1.9%，2018年增长2.0%。

（2）中国2017年的增长预测上调（升至6.5%，比10月预测高出0.3个百分点），因为预计中国将继续提供政策支持。

（3）在其他新兴亚洲经济体，印度尼西亚的增长预测下调，原因是私人投资弱于预期；泰国增长预测也已下调，原因是消费和旅游业减缓。

（4）拉丁美洲增长率的下调在很大程度上反映了以下因素：阿根廷和巴西在2016年下半年的增长表现弱于预期之后，短期复苏预期减弱；墨西哥金融环境收紧，来自美国相关不确定性的不利影响加剧；以及委内瑞拉的形势继续恶化。

（5）在中东，沙特阿拉伯2017年的经济增长预计将弱于早先的预期，原因是石油产量因石油输出国组织近期达成的协议而被削减，同时，在其他一些国家，国内冲突继续对经济造成严重的不利影响。

根据2017年1月17日联合国经济和社会事务部在纽约总部发布的《2017年世界经济形势与展望》报告预测，全球经济预计在2017年增长2.7%，高于2016年的2.2%。报告称，在刚刚过去的2016年，世界经济发展趋势可以用"五低二高"来概括，即：低经济增长、低国际贸易流量、低通货膨胀、低投资增长、低利率；高债务水平和高度依赖货币政策。这种状况在2017年将略有改善，但世界经济仍将保持低速增长。

报告指出，2016年2.2%的世界经济增速是2009年以来最低的增速。全球贸易量在2016年只增长了1.2%，处于历史较低水平。投资增长在许多主要发达国家和发展中国家都明显放缓。

世界经济在2017年将略有改善，但不可能发生根本性转变。过去两年处于衰退的经济体，例如巴西和俄罗斯，将于2017年企稳，但并不表示全球经济将会发生转折性的强劲增长。

《2017年世界经济形势与展望》报告预测，美国经济2017年预计将增长1.9%；欧洲经济预计增长1.8%。中国经济2017年预计将增长6.5%。南亚已成为全球经济增长最快的地区，预计增长6.9%。其中，印度经济增速预计在2017年增长7.7%。随着石油和其他初级产品价格的回升，非洲经济预计2017年增长3.2%。西亚中东地区经济仍然遭受着低石油价格和区域武装冲突的影响，预计2017年增长2.2%。拉美经济在持续两年衰退之后，预计2017年可以恢复增长1.3%。俄罗斯经济随着石油价格的回升也将从过去连续两年的衰退中企稳，在2017年恢复1%左右的增长。

（二）2017年全球经济的四大不确定性因素

1. 各国的政策博弈

国际货币基金组织（IMF）总裁拉加德说，各国政策之间的负面竞争可能成为2017年全球经济最大的“黑天鹅”。

拉加德表示：“如果各国政策调整的最终结果是在税收、金融监管和贸易方面竞相追逐‘底线’，那将给全球经济带来毁灭性后果。在我看来，这是一只真正的‘黑天鹅’。”

2. 地缘政治

中东和非洲一些国家的国内战争和冲突，在邻国及欧洲的难民和移民所处的悲惨境遇，世界范围内的恐怖主义行动，南海争端、台海问题等，如果这些因素强化，受直接影响的国家或地区将陷入更深的困境。地缘政治紧张局势和恐怖主义的加剧将对全球市场情绪和经济信心产生严重的不利影响。

3. 民粹主义

反全球化的民粹主义正在兴起，从中东开始，蔓延至欧洲和美国，导致全球的风险环境极不稳定。

英国的意外脱欧、美国大选特朗普爆冷胜选都被认为是民粹主义运动的体现。

4. 欧元区危机

2017年，英国与欧盟将开启为期2年的脱欧谈判。这场谈判不仅决定今后英国与欧盟之间的关系，其过程和结果也直接影响欧洲各国执政党和反建制派的力量对比，增加欧洲的不稳定因素。

（三）2017年最值得关注的经济体：印度

（1）印度GDP全球排名第5位

2016年末，《福布斯》杂志发布的报告显示印度的GDP总量已经超过英国时，印度媒体用骄傲的语气宣布："这是150年来首次，印度经济超越了殖民时期的英国宗主国。"印度已经超越英国，成为继美国、中国、日本和德国之后，GDP全球排名第5位的国家。

（2）印度GDP增速全球排名第1位

根据2017年1月联合国最新的报告称，预计在2017财年印度经济将会上涨7.7%，仍将是全球经济增长速度最快的国家。印度经济之所以能够如此快速地增长，主要归功于印度强劲的内需以及逐步推进的国内各项改革。

印度工业联合会（CII）预计，在2016～2017年期间，印度的经济约增长8%。印度工业联合会最新负责人Naushad Forbes表示，强劲的宏观经济基本面、有利的商业情绪和下滑的利率趋势都是促进经济发展的重大因素。该工业联合会预测，政府对基础设施建设的投资和私营部门日益增加的投资将促进2017年印度的GDP上涨约8%。

与此同时，印度储备银行预测2017年印度国内的GDP约上涨7.6%。

（3）印度的人口结构呈金字塔状

印度的人口结构目前呈金字塔状，年龄在35岁以下的人口数量将近8亿，占印度总人口的65%左右；25岁以下的年轻人则占到全国人口的一半以上。以英语作为官方语言的一种，印度无论是低端还是高端层面的劳动力英文水平和接受全球化的能力均十分出众。庞大的低成本及年轻劳动力，对于面临劳动力成本显著提高且老龄化正在加速的一些经济体也构成了相对的竞争优势。

（4）卢比表现稳定

2016年，印度卢比兑美元的表现略微优于多数亚洲货币，跌幅仅略超过2%，这归因于印度作为亚洲成长最快的经济体，2016年的多数时候都在大步发展。

投资建议：印度是“一带一路”的重要节点国家，中国企业可以通过直接投资等方式分享印度高速的经济增长；个人投资者可以通过投资投向印度市场的ETF基金获得投资收益，此部分详见后面推荐的ETF基金。

（四）2017年股票市场展望及投资策略

1. 以地缘政治风险为主要波动风向标

2016年的动荡将延续至2017年。1月份，当选美国总统特朗普走马上任。3月份，英国将正式启动脱欧程序，加上面临荷兰、法国、德国和意大利可能的大选，预期市场将再次启动以地缘政治风险为主要波动风向标的模式。

在这种情况下，任何声称准确的预测都是痴人说梦，这点由各大投行及相关专家发布的年度预期中的巨大分歧就可见一斑。因此，对于全球股市在2017年的走势所能做的展望只能称之为“猜测”。

首先，市场普遍认为特朗普当选之后所实施的刺激性财政政策将会把以美国为首的股市推至新高。同时，随着美国经济的增长以及新兴市场经济体的逐步稳定，2017年全球经济将呈现复苏态势。因此对股市的看涨是普遍基调。

但值得谨慎的是，一方面，特朗普之前所言明的一系列“大刀阔斧”且花费巨大的财政政策能否获得国会通过得以实施？诚然，共和党掌控着参议院和众议院，但二者都不乏是对特朗普抱有敌意的财政鹰派。这很可能导致僵局甚至另一个“债务上限危机”（2011年美国国会就美国债务上限提升的一场激烈争辩，事件可能导致美国联邦政府产生主权违约，多项公共服务也有可能因缺乏营运资金而受到影响，令美国经济进一步受到打击）。基于此，特朗普上台后的财政政策很可能不如现今被广泛预期的那样宽松。届时失望的市场将作何反应难以预料。

另一方面，特朗普宣称将严格控制边境，并将实施保护主义贸易政策。由于美国总统在这方面比在财政预算上具有更大的权力，因此这些不利于经济的政策更有可能被实施。加上英国与欧盟的脱欧谈判中也很可能出现英国被单一市场拒之门外这类不利于国际贸易的信号。另外，欧洲各大经济体的大选会否为这一反全球化推波助澜也尚未可知。这些不确定性都将不可避免地令经济受挫，进而打击股市。企业不愿意去投资一个地缘政治、

经济和法规都不确定的世界，因此会回购股票和派息，让生产力受到打击。

类似的还有英国和整个欧洲。虽然英国脱欧也许并非源自贸易保护主义，英国政府在脱欧公投后也一再宣称英国会保持外向型及开放度，甚至野心勃勃地想要成为“真正全球化的英国”。但事实是，英国一旦退出欧盟单一市场，所面临的自由贸易协议将是极为复杂和冗长的，这点最近由加拿大与欧盟签订的贸易协议花费了7年之久、最后还差点因为比利时一个地方议会的否决而毁于一旦就可见一斑。同时，随着各方矛盾的激化，欧洲各国也显示出民粹主义抬头的迹象，这尤其令2017年将要举行大选的德国和法国境况堪忧。

另外一个引起忧虑的因素是，若特朗普得以实施计划中的刺激性财政政策，那么美国通胀将会承压。这一点也被美联储在12月份宣布加息后所公布的点阵图显示将在明年加快升息速度所佐证。同时英国受到脱欧公投后英镑贬值的影响，通胀开始飙升。英国央行预期英国的通货膨胀将在2017年突破2%的目标值。再通胀也许会成为2017年全球的经济主题之一。若美联储在这种情况下如期加速升息，英国央行也对货币政策予以收紧，股票市场将处于不妙态势。

对于新兴市场而言，美联储升息后美元的一路飙升也产生预警信号。随着美联储加息，美元将继续走强，并且可能处于一轮长期牛市之中。许多人担忧，全球正面临具有破坏性的美元短缺局面。他们担忧，美元走强可能会引发全球流动性危机。从历史来看，美元长期牛市将会制造各大资产类别的动荡。1978 ～ 1985年美元牛市引爆拉美债务危机，并引发货币当局通过广场协议采取联合干预行动，从而缓解危机局面。1992 ～ 2001年的美元大牛市则引发史无前例的资产泡沫，令新兴市场和发达经济体都成为“受害者”。事实上，过去30年中，美联储共经历过五轮比较明确的加息周期。而历次加息都有大的危机发生：拉美债务危机、日本经济危机、亚洲金融危机、互联网泡沫破裂、次贷危机。

美元的轨迹将与风险偏好和不断增强的人民币贬值预期的走向密切相关。最大的风险是市场反应过急，推动美元快速升值，这可能造成中国资本外流加快，搅动人民币汇率和全球风险偏好。

在这种设想场景下，2017年第一季度可能看到新兴市场年初大跌一幕的重演。因此，在上述风险中，2017年股市即使不是波澜壮阔，也将暗潮汹涌。

2. 2016年的明星板块或得以延续　医疗股将异军突起

从板块来看，在先前经济低迷的世界里，投资者一般会出更高的价格来确保回报。然而过高估价的“优质增长型”股票最近已经开始显现劣势。价格更具吸引力的周期性股票则开始绝地反击。这一趋势在美国将实施刺激性财政政策支持经济增长的可能性下将得以继续。

2016年的明星板块或将得以延续，如果石油减产协议能够切实实施，特朗普如期增加基础设施建设之初，那么能源股和材料股势必受益。

对于科技股来说，由于强劲的创新水平，科技股也将保持结构性的积极趋势。虽然智能手机正在衰落，但新平台和应用程序的革新将在未来数年内驱动周期性升级。同时，如制造业、医疗业和农业等行业的数码化才刚刚开始。美国科技股也将受到税务改革的提振，基础设施硬件类股票则将受益于增加的支出。

另一个在2017年可能异军突起的新秀是医疗股。2016年，医疗股是全球股市表现最差的板块，然而如今投资者预期特朗普上台后将放宽监管，令其之前所承受的或将被限制最高价格的压力得以释放。同时医疗股将因具有吸引力的长期收益潜力和结构性需求的背景得到支撑。强劲的研发会为医疗业不断输送新型药品和治疗，特别是在肿瘤、免疫和病毒领域，另外，该行业也具有进一步并购的潜在可能。

（五）2017年债券市场展望及投资策略

2016年可谓是“意外”之年，英国脱欧、特朗普赢得总统等“黑天鹅”事件层出不穷。全年债市整体波动巨大，但依然表现不俗，其中各大央行政策的刺激效果是最重要的，美联储12月实施加息其实早已被市场消化，而欧洲央行和英国央行则带来了额外的刺激效果。

（1）特朗普效应能否持续？

特朗普获胜之后，债市迎来了一波抛售，新的一年中市场将重点关注特朗普的一系列新政能否实施，这才能确定债券收益率上涨趋势是情绪面的变化还是能持续下去。

在共和党把持国会两院的前提下，特朗普的财政支出扩张和减税政策应该能够顺利推行，这有助于通胀增长，从而降低债券价值，提升收益率。此外，贸易保护和移民政策也在议程之内，这些政策能否推行有待考察。

倘若特朗普果真打响贸易战，进口价格上升将促使通胀回升速度更快，而移民政策收紧也将进一步支撑工作增长。这些均会令当前国债投资的实际回报下降，从而打压债券价格，继续推高收益率。

（2）全球化进程是否会出现倒退现象？

英国脱欧、特朗普当选以及意大利修宪公投反对派获胜等一系列事件已经威胁到全球化进程，更有甚者认为全球化正面临终结的局面。

如果美国退出贸易协定并增加关税，各国之间的贸易冲突将会加剧，最终导致全球经济减速等恶性局面。虽然各国可以通过增加民间债务来保持短期刺激，但隐含通胀上行的风险将会加大，从而冲击各国国债价格，导致收益率进一步上升。

（3）美联储是否会复制日本央行控制收益率曲线的策略？

特朗普总统的新的财政政策引发债券收益率飙升，最终导致10年期美债收益率攀升至3%，制造广泛的市场恐慌。为了平息市场情绪，美联储复制日本央行控制收益率曲线的策略，将10年期美债收益率固定在1.5%。这将导致债券市场录得7年以来最大的增幅。

(4) 欧洲央行新一轮QE效果如何?

欧洲央行12月8日推出特别的第三轮量化宽松(QE)政策:延长QE至2017年12月,但从4月起购债规模减少200亿元,虽然整体上看是一个"减码",但隐藏在表面之下的则是扩大QE,延长期限较预期更长。德拉基在新闻发布会上更是指出,如有必要,购债规模可以再次增至800亿欧元。

此外,从2017年1月起,欧洲央行将调整QE的参数,债券期限将包含1～30年期,将购买收益率低于存款机制利率的债券。这也暂时缓解了之前市场担忧的"无债可买"的局面。2016年7月份,根据涵盖1.13万亿美元债券的彭博德国债券指数,收益率低于欧洲央行-0.4%存款利率的债券占比已经超过60%,这意味着它们失去被欧洲央行购买的资格。根据瑞银集团(UBS)和北欧斯安银行(SEB)分析师的估计,除非购买范围扩大,否则央行可能会在6个月内无德债可买,最早在8月份就可能出现这种情况。

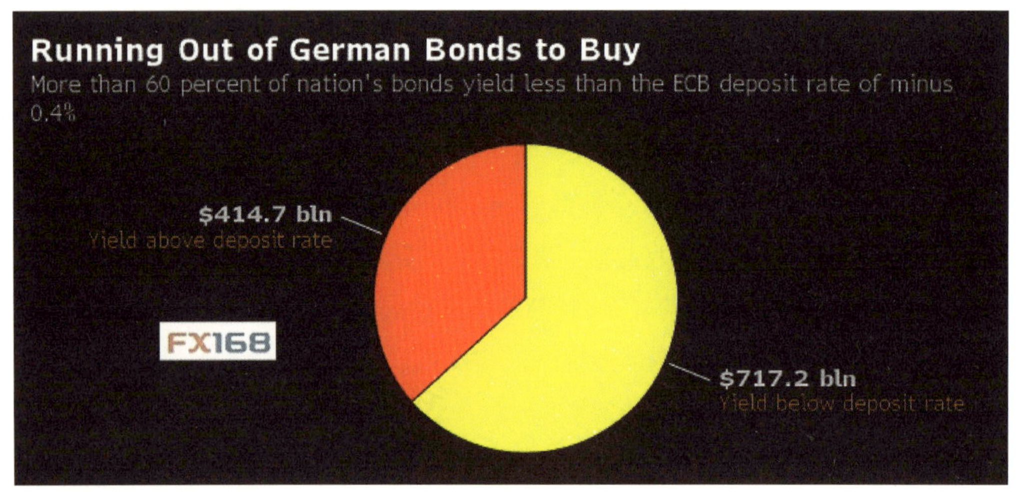

资料来源:FX168财经网。

图1 逾60%德债收益率低于欧洲央行存款利率

目前而言,2017年的债券投资已经被美联储加息路径紧密牵动。2016年12月美联储完成加息后,2017年的预期加息次数是3次,较之前的两次多了一次,而美联储主席耶伦更是指出:"2016年中旬以来美国经济增长以及提速,我们预期良好的势头将继续保持下去。"美联储紧缩周期加速将令全球债市在2017年继续承压,不过市场仍需密切关注美联储加息路径的任何变化,毕竟2015年底也曾预期2016年将多次加息,但最终只有12月这唯一一次。

投资者需要紧盯美联储在新的一年的加息路径,一旦出现任何放缓迹象,全球债券价格将重演2016年4月开始的绝地反弹。

美国国债方面,鉴于部分分析师一度预测10年期美债收益率将触及4%,若果真这样的话,美债投资价值就相对较差。不过,大胆的投资者可以押注一个潜在"黑天鹅"事件,

那就是为了平息市场情绪，美联储有可能复制日本央行控制收益率曲线的策略，将10年期美债收益率固定在1.5%，这将导致债券市场录得7年以来最大的增幅，从而大幅提升美债等大部分债券市场的投资回报。

英国国债方面，脱欧进程仍是投资者关注的焦点，当前市场预期不会一帆风顺，相信避险需求的增加有助于打压收益率，从而推高英国国债价格。此外，整个欧洲地区的不稳定性以及英镑的下行压力依然较大，如果能利用好汇价浮动进行投资，将能够收获更大的英债投资汇报。

日本国债和德国国债的收益率都相对较低，鉴于2017年市场的不确定性依然较大，这两国国债的投资实际回报较为有限，不作为追求收益汇报的主要推荐，不过避险价值依然存在，可进行适当配置，以对冲市场风险。

意大利国债由于政治局势和银行业的困扰，暂难厘清，结合该国较低的主权评级，2017年恐受到进一步冲击，因此不建议投资者贸然入场。

（5）是买入还是卖出？投资者首先需要明确持有目的。

如果投资者单纯希望追求更高的收益回报，整体而言，2017年的债券市场预计不会是

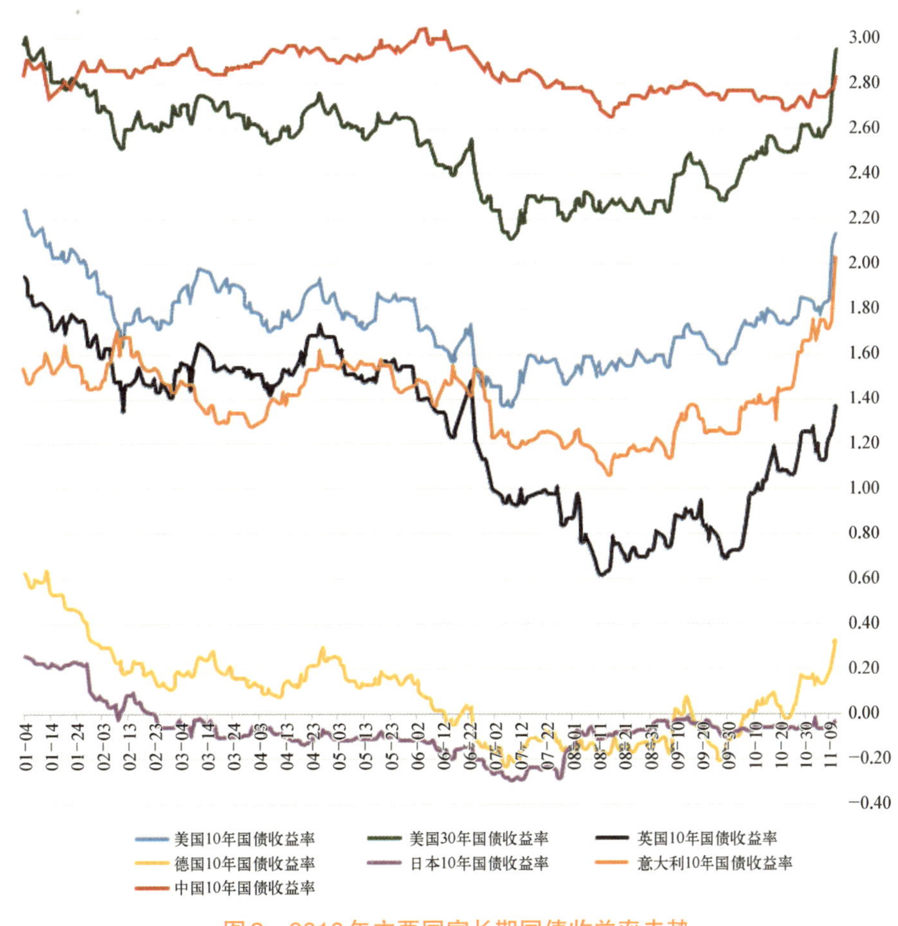

图2　2016年主要国家长期国债收益率走势

一个良好的选择。通过观察主要国家的国债收益率曲线我们可以发现，各国国债收益率都在2016年末开始上扬，鉴于美联储紧缩收起已经展开，2017年的国债收益率仍有望上升，与之对应的是国债价格将稳步走低，这将直接导致债券投资者蒙受损失。

鉴于此，当前的债券持有者应当顺势操作，出脱手中的部分债券，将资金转向其他投资市场，例如，进行适当的股票配置等。

如果投资者相信新的一年中全球市场波动性将再度加剧，而全球经济增长将遇到阻碍，那么现在抛售债券资产就显得有些冒失。

2016年“黑天鹅”事件频发的迹象并没有因为年终而消退，反而有可能在2017年得到进一步发酵，一旦全球市场再遭猛烈冲击，风险情绪的大幅下降将导致大量资金从高风险的股市等转向债券市场，从而掀起债券价格的剧烈反弹。

针对这样的情况，投资者还是应该继续持有具有良好主权评级的国债资产，如美国国债和英国国债等。

（六）2017年货币市场展望及投资策略

尽管近期美元指数已经触及2003年以来的高点，但包括高盛（Goldman Sachs）、美银美林（BofAML）和摩根士丹利（Morgan Stanley）在内，各大行的策略分析师们仍然看好美元在2017年再创新高。

考虑到欧洲的政治不确定因素，欧元将继续承压，并激发市场对瑞郎、日元等传统“避险资产”的需求。特朗普政府下美国贸易政策的重大转变对于新兴经济体也是风险，不过在2017年料不会变成现实。新兴国家的出口增速将继续疲软。

因此，除了美元上涨以外，英镑、欧元和人民币下跌也带来投资机会。同时也可关注G10货币中的其他机会。

1. 美元指数

自美国大选以来，最大的赢家当属美元。虽然华尔街许多人士此前预测如特朗普问鼎白宫，美元将“死亡”，大多数受访外汇策略分析师表示，在特朗普胜选后美元将会贬值2% ～ 3%；结果，美元反而大涨近4%，一度触及近14年的高位。根据外媒针对65位策略分析师所进行的最新调查，美元指数2017年底前料将再上涨2%。

2. 非美货币

（1）欧元

2016年，民粹主义浪潮对欧洲构成冲击，反映在英国脱欧和意大利宪法公投失败等事件之中，这也引发外界对于欧元区以及欧元命运的担忧。

就连被认为“欧元之父”的奥特马・伊辛（Otmar Issing）在2016年11月接受CNBC采访时也表示，他对于欧元的热情已经减弱。不过他仍然相信，欧元未来将保持相对稳定。

客观而言，欧元区自身的政治不确定因素也令欧元承压。而随着欧元/美元的走低，1.08/1.10成为欧元现在的顶部。预计欧元/美元2017年一季度末会跌至0.98的水平，2017年上半年可能交投于0.98 ～ 1.08这个新的区间。

（2）日元

美国银行预计，2017年日本实际GDP增速将达到1.5%，增幅预期高于欧元区的1.4%，距离美国的2%预期值也并不遥远。

尽管如此，由于美元/日元近来对两国国债收益率差异异常敏感。日元的抛售压力或将继续加强。然而，美元反弹或将在年末降温，尽管受流动性限制，美元供求可能不会收紧。利率的敏感性令美元/日元在2017年上涨已经明确无疑，同时日元还特别容易受到2017年日本央行（BOJ）政策的影响。

另一方面，日本央行在2016年12月政策会议上继续维持政策利率、国债收益率目标、国债持有量年增幅目标不变，上调了经济前景预期，称日本经济适度复苏的趋势将持续，同时日元贬值也帮助该国出口回升。预计，美元/日元2017年底料升至125。

（3）英镑

英国央行货币政策委员会（MPC）在2016年12月匿名投票决定保持利率及QE项目不变，将基准利率维持在0.25%，QE项目则维持在4 350亿英镑，未能给英镑喘息的空间。

除此之外，美联储的鹰派立场令美元买入压力重启，为英镑/美元增添压力。鉴于美联储的紧缩政策将加大政策背离程度，预计到2017年底英镑兑美元将跌至1.10美元。

（4）澳元

澳元兑美元在经历了1年的盘整之后，2017年的下跌几率更加明显。利差和风险溢价将继续打压澳元，同时商品价格的涨势也充满不确定性，一旦供需无法重归均衡，上行走势受阻将无法推动澳元反弹。

年末基础金属价格反弹和澳洲矿产股猛涨为澳元带来了一定的上行动能，但澳洲信贷泡沫严重，楼市活动也出现放缓迹象，结合澳洲与美国国债利差逼近数周新低，市场多空双方一度在0.750 0/50这一澳元/美元价格区间争夺不下，但最终美联储12月实施加息后，澳元/美元从这一交投区间大幅下滑，2017年的看跌预期得到了进一步明确。

目前，澳洲联储降息带来的逆风影响犹存，市场对其未来进一步实行宽松政策仍有期待，预计澳元/美元2017年第三季度目标指向0.67的水平。

（5）加元

11月末，因石油输出国组织（OPEC）达成限产协议促使油价大幅上涨，加元受益走高。该份协议意义重大，因沙特出现策略性改变，此前沙特更多关注维护市场份额与美国页岩油产量竞争。油价处于低位时页岩油产量依旧展现出韧性这种情况可能值得注意。

2017年将有一系列的意外风险影响加元的走势。

第一，尽管OPEC达成协议，但该行预计油价不会大幅高于50美元/桶，这符合美元/加元交投在1.300 0附近的猜想。

第二，特朗普再通胀的乐观情绪推高美债收益率，2年期美国–加拿大国债利率差触及

年初以来的最高位，美元/加元将短暂涨至1.450 0的水平。

预计2017年再通胀主题会进一步深入，而重新协商NAFTA贸易协议可能会削弱加元，如果美国国内需求在2017年下半年回升将会利好加拿大，因此，我们预计届时加元将走强。

（6）人民币

人民币兑美元2016年不出意外录得路透有数据记录以来的最大年度跌幅，离岸人民币兑美元暴跌7%；展望2017年，机构判断几乎是一边倒地继续看贬，不同的只是贬值幅度的差别而已。

2017年的一个重要的不确定性，就是如果外部环境更加不利于人民币，监管层是否会在某个时点、某个框架或者某些条件下考虑让存贷利率浮动起来。因为当前机制的成本已然超过收益，贬值预期不但没有出清，反而继续在累积；监管层不断地加强资本管制，同时加强在公开市场的操作，避免国内因为资本外流导致流动性持续紧张。然而，外汇储备和外汇占有率持续下降，负面影响已经显现。

3. 2017年有崩盘风险的货币

2017年第一个有可能崩溃的国家货币是土耳其里拉。2017年前11天，土耳其里拉下跌11%，近3个月下跌了20%，可谓一泻千里。土耳其之所以会成为2017年第一个货币崩溃的国家，主要是因为土耳其政局太动荡；恐怖袭击不断，导致大量的土耳其人感受不到安全。而1月9日土耳其议会讨论修正宪法，将土耳其从议会制改为总统制，土耳其的不同政见者，只能拼命往国外跑，大量的资金也就跟随而出，土耳其里拉就此崩盘。

根据工银国际研究部的研究结果显示，从基本面以及汇率波动的双重维度综合来看，2017年委内瑞拉玻利瓦尔、阿根廷比索、墨西哥比索、白俄罗斯卢布、南非兰特、巴西雷亚尔、俄罗斯卢布、英镑和印尼盾均具有较高的货币风险。

主要的汇率风险可能来源于两个层面：其一，新兴市场在经历持续的有效汇率升值后，导致全局性贸易条件恶化，进而引致汇率的逆向调整。其二，部分货币在经历了对美元双边汇率大幅下跌后，在市场情绪和做空力量的驱动下，存在进一步惯性下跌的可能性。

（七）2017年最值得推荐的香港ETF基金

［文中数据来源于晨星（Morningstar）及各基金公布的信息。］

什么是ETF？

ETF是一种开放式的投资基金，像其他上市可买卖证券一样，可于交易所进行买卖。ETF集合了简单、易于使用的产品优势，具有股票即日成交及高流动性的主要特点，并且像指数基金一样间接持有一篮子实物股票，或通过衍生工具追踪股票指数，以达到分散投资风险的目的。

香港ETF市场具有规模在区域内领先、监管规则符合国际标准、销售网络广泛、提供专业服务的中介机构众多等优势。另外，自2015年2月13日起，香港ETF全面免除印花税。

在香港上市的ETF（193只）中，虽然目前中国股票仍是数量最多的类别（58只），但随着香港上市的ETF产品逐渐多元化，投资者可以更多地利用香港的ETF进行全球性的资产配置。

1. db x-trackers MSCI 美国总回报净值指数ETF（HKD）

自2007年推出以来，db x-trackers迅速增长，产品超过300只，令德意志资产管理成为欧洲第二大及全球第五大ETF供应商之一。

投资目标：db x-trackers MSCI 美国总回报净值指数ETF提供在扣除费用及支出之前紧贴MSCI总回报净值指数的表现的投资回报。投资地区为美国，投资标的为股票型，MSCI美国总回报净值指数是一项公众持股量调整市值加权指数，为衡量美国股市表现而设计，针对的公司都是按净股息再投资后的总回报计算，其市值在美国可投资股票范围前85%之内的公司（在符合整体最小规模要求之下）。

基金管理费：0.2%

点评：美国股市在2016年表现良好，尤其是年末更加突出。虽然年末的行情更多是受到“特朗普效应”的促进，但美国经济数据的强劲及众多企业个股的靓丽业绩令美国股市

作为发达市场龙头的地位毋庸置疑。该追踪反映美国股市表现的MSCI美国总回报净值指数的ETF在2016年的收益排在香港全部193只ETF中的第25位。

从这只ETF的配置来看，大型均衡型的股票投资组合，稳健中不乏回报。从长期来看，该基金在美国大型均衡型股票基金这一组别中，风险低于平均，收益高于平均，令其由风险调整后收益衡量的晨星评级获得五星。

表1　年回报率　（2016年12月31日）

年　　份	2010	2011	2012	2013	2014	2015	2016
总回报率(%)	13.46	0.86	13.81	32.66	15.30	0.29	10.99

表2　基金风险　（2016年12月31日）

3年标准差	11.21%
3年平均回报	9.33%
夏普比率	0.78

表3　晨星评级(相对基金组别表现)（2016年12月31日）

基金组别：美国大型均衡型股票	表现排名	晨星风险	晨星评级
3年	高于平均	低于平均	★★★★
5年	高于平均	低于平均	★★★★★
综合评级	高于平均	低于平均	★★★★★

2. Horizons恒生高股息率ETF(HKD)

投资目标：提供在扣除费用及支出之前紧贴恒生高股息率指数(“指数”)表现的投资回报。基金经理意图将所有或大部分资产直接按照“指数”的权重投资其所有成分股，以达到其投资目标(复制策略)。

恒生高股息率指数包括最高净股息率的50只于香港交易所上市的股份及/或房地产投资信托基金，但不包括第二上市、优先股、债务证券、互惠基金及衍生工具。成分股于指数中的比重是根据净股息率分配，从而提升指数的回报率。

基金管理费：0.18%

点评：高股息率股票可为投资者提供较高的固定收益(即红利)。偏重于大型(巨型为38.81%，大型为34.71%)价值型(周期性为72.75%，防守性为13.18%)股票投资的配置也令该ETF的风险得到控制。

这只ETF的另一大亮点是较低的管理费。在以追踪指数作为主要投资策略的ETF中,管理费是投资者选择收益更高的基金的重要指标。

总体来讲,在香港基金这一组别中相对较高的收益令其获得晨星五星评级,也使之成为香港ETF中获得五星评级的3只ETF之一。除了上述db x-trackers MSCI 美国总回报净值指数ETF,另外一只五星ETF为中国平安CSI香港高息股ETF,投资策略与Horizons恒生高股息率ETF类似。

表4 年回报率 (2016年12月31日)

年　　份	2014	2015	2016
总回报率(%)	8.50	0.89	−3.33

表5 晨星评级(相对基金组别表现)(2016年12月31日)

基金组别:香港股票	表现排名	晨星风险	晨星评级
3年	高	高于平均	★★★★★
综合评级	高	高于平均	★★★★★

表6 基金风险 (2016年12月31日)

3年标准差	19.29%
3年平均回报	3.72%
夏普比率	0.18

3. SPDR富时大中华ETF(HKD)

投资目标:达到与富时大中华港元指数的表现密切对应的投资回报(扣除费用及开支前)。为了达到上述投资目标,基金经理寻求通过直接将大中华ETF的全部或绝大部分资产,按大致与富时大中华港元指数相同的比重投资于指数证券。

富时大中华指数涵盖中国(H股、B股、P股及红筹股)、中国香港特别行政区(香港股票)及中国台湾的大、中盘股票,以捕捉大中华地区的经济增长。该指数是以富时环球指数为基础,采用自由流通量调整和流动性筛选等计算方法,并根据一系列清晰和透明的指数规则来管理。

基金管理费:0.20%

点评：这只追踪富时大中华指数的基金目前的地区分布比重（%）为：中国为47.8——H股为24.89，P股为12.10，红筹股为9.20，B股为0.69，其他为0.31；中国台湾为26.52；中国香港为26.30。按照投资股票市值和行业种类，在晨星基金分类中属于大型价值型股票基金。在大中华股票组别的基金中，较低的风险和较高的收益率令其获得四星的晨星评级。

目前在中国香港上市的ETF中有超过1/3投资于大中华地区，显示出该市场的"本国偏见"仍然明显，投资者更倾向于投资自己所熟悉的地域的股票及基金。在这类ETF中，从自2010年成立以来的表现来看，SPDR富时大中华ETF可谓其中的佼佼者。

表7　年回报率（2016年12月31日）

年　份	2011	2012	2013	2014	2015	2016
总回报率（%）	−17.26	19.27	7.60	7.42	−6.25	5.61

表8　晨星评级（相对基金组别表现）（2016年12月31日）

基金组别：大中华股票	表现排名	晨星风险	晨星评级
3年	高于平均	低于平均	★★★★
5年	平　均	低于平均	★★★★
综合评级	平　均	低于平均	★★★★

表9　基金风险（2016年12月31日）

3年标准差	17.90%
3年平均回报	3.69%
夏普比率	0.19

4. iShares FTSE 100 Index ETF

投资目标：在扣除费用及支出前密切反映富时100指数（FTSE 100）的表现。由于该ETF于2016年6月上市，因此仅有短期回报表现，没有长期回报表现、风险评估及晨星评级。

上市后6个月回报率：11.51%

基金管理费：0.20%

点评：随着市场的迅速成长，香港ETF越来越多样化。2016年6月，iShares安硕发行了追踪富时100指数的ETF，成为香港市场上首个主要投资英国股市的ETF。

2016年英国的股市表现出色，成为全球年收益率最高的发达市场之一。尤其是由在伦敦证交所上市的最大型的100只股票所构成的富时100指数受到退欧公投后英镑下跌及大宗商品价格回升的促进，在年末更是一举突破历史最高。

iShares在同期还发行了德国DAX指数和EURO STOXX 50指数ETF，虽然2016年这两个股指表现不如英国股市突出，但它们也为投资者提供了更多的选择。

5. db x-trackers MSCI 巴西总回报净值指数ETF（HKD）

投资目标：追踪MSCI总回报净值巴西指数的表现。该指数是公众持股量调整市值加权指数，所反映的是巴西大型和中型资本公司的表现。作为总回报净值指数，其指数成分股表现基于股息或分派额在扣除任何适用税项后再作投资来计算。

基金管理费：0.45%

点评：该基金为香港ETF中2016年收益最高者。2016年，巴西股票市场可谓一匹黑马，在之前数年的颓势后创造了辉煌战绩。同时，香港ETF2016年收益排行中，db x-trackers MSCI 俄罗斯权重上限指数ETF紧随其后，位于榜单前列的也几乎均为新兴市场指数ETF。可见，新兴市场的潜力仍然巨大，可以创造出数倍于发达市场的收益。

但新兴市场的风险也同样巨大。从3年标准差来看，db x-trackers MSCI 巴西总回报净值指数ETF为38.11%，是上述提及db x-trackers MSCI 美国总回报净值指数ETF（11.21%）的3倍多，意味着市场表现波动更大。

另外，2016年巴西股市的靓丽表现主要来自大宗商品价格的回升以及市场对巴西政府整改抱有希望。但基本面仍旧脆弱——经济虽复苏迹象明显，但仍面临衰退风险。因此，投资这类市场的投资者须注意控制风险。

表10　年回报率（2016年12月31日）

年　份	2011	2012	2013	2014	2015	2016
总回报率（%）	−22.70	−3.81	−16.55	−14.80	−43.67	69.97

表11　晨星评级（相对基金组别表现）（2016年12月31日）

基金组别：巴西股票	表现排名	晨星风险	晨星评级
3年	高于平均	高于平均	★★★
5年	平　均	高于平均	★★★
综合评级	平　均	高于平均	★★★

6. db x-trackers MSCI 环球总回报净值指数ETF

投资目标：追踪MSCI环球总回报净值指数的表现。该指数是公众持股量调整市值加权指数，所反映的是全球发达市场中大型和中型资本公司的表现。作为总回报净值指数，

其指数成分股表现基于股息或分派额在扣除任何适用税项后再作投资来计算。

基金管理费：0.35%

点评：该基金适合于确定投资资产类别为股票但难以或疏于决定具体投资地区乃至行业的投资者。3年及5年表现俱佳，且风险较低，晨星评级为四星。

表12　年回报率（2016年12月31日）

年　份	2011	2012	2013	2014	2015	2016
总回报率(%)	−2.78	14.51	27.45	5.87	−0.28	6.13

表13　基金风险（2016年12月31日）

3年标准差	11.27%
3年平均回报	4.50%
夏普比率	0.37

表14　晨星评级（相对基金组别表现）（2016年12月31日）

基金组别：环球大型均衡型股票	表现排名	晨星风险	晨星评级
3年	高于平均	低于平均	★★★★
5年	高于平均	低于平均	★★★★
综合评级	高于平均	低于平均	★★★★

7. iShares 安硕BSE SENSEX印度指数ETF

投资目标：旨在提供于扣除费用及开支之前与标普BSE SENSEX指数表现非常接近的投资回报。

印度SENSEX指数（又称孟买敏感30指数、BSE SENSEX）为印度最被广泛使用的指数，是投资印度的重要参考指标。

基金管理费：0.64

表15　年回报率（2016年12月31日）

年　份	2009	2010	2011	2012	2013	2014	2015	2016
总回报率(%)	84.85	24.32	−35.94	21.33	−2.93	29.92	−10.51	−0.68

表16　晨星评级(相对基金组别表现)(2016年12月31日)

基金组别：香港股票	表现排名	晨星风险	晨星评级
3年	低于平均	平　均	★★
5年	低于平均	平　均	★★
10年	平　均	平　均	★★★
综合评级	平　均	平　均	★★★

表17　基金风险　(2016年12月31日)

3年标准差	17.65%
3年平均回报	6.49%
夏普比率	0.34

8. db x-trackers MSCI 印度总回报净值指数ETF

投资目标：追踪MSCI印度总回报净值指数的表现。

MSCI印度总回报净值指数是公众持股量调整市值指数，所反映的是印度市场的表现，针对的公司都是按净股息再投资后的总回报计算，其市值在印度可投资股票范围前85%之内的公司。

基金管理费：0.55%

点评：印度作为重要的亚洲市场及新兴市场不可忽略。在中国股市近两年状态不佳的情况下，更多着眼于亚洲和新兴市场的投资者将目光转向印度。上述两只ETF所追踪的指数都较好地代表了印度股市的整体表现。

如同所有新兴市场一样，印度股市可能会提供较高的收益，但同时也具有较高的风险。

表18　年回报率　(2016年12月31日)

年　份	2013	2014	2015	2016
总回报率(%)	-5.08	21.65	-7.99	-2.53

表19　晨星评级(相对基金组别表现)(2016年12月31日)

基金组别：香港股票	表现排名	晨星风险	晨星评级
3年	低于平均	低于平均	★
5年	低于平均	低于平均	★
综合评级	低于平均	低于平均	★

（八）2017年贵金属及商品市场展望及投资策略

1. 黄金推荐投资指数：★★★★

上文已提到，当前金价处在2011年以来下跌趋势的一个反弹回调期，1 050美元/盎司将是其重要的支撑位，一旦下破此位，金价或会进一步下行，跌至3位数。

但从金价的影响因素和当前推测的宏观经济环境判定，此种可能性不大，尽管2017年金价会存在诸多利空因素，但在2017年上半年各种因素将助推金价回归1 250美元/盎司上方。

首先，影响金价的前三大正向影响因素依次是美国消费物价指数、石油价格和需求。

美国消费物价指数是美国经济运行的“晴雨表”，其温和上涨表明经济运行良好。近期，美国经济运行良好，2016年第三季度GDP年化季率增速修正值为3.2%，高于专家的预期，美国经济已经复苏。2017年1月下旬，特朗普将正式入主白宫，其提出的减税和加大基建投入政策如果能够依计划得到运行，应该可以使美国经济提速。如此一来，美国消费物价指数应该会进一步上涨，从而黄金抗通胀的功能凸显，金价将得到提振。

石油价格对金价的影响目前存在较大的不确定性，关注的焦点在于2016年11月30日达成的减产协议能否得到一以贯之的执行。在减产协议达成后，产油国家并没有立马着手减产，据统计，2016年12月的日均产油量较前一月没有太大变化，维持在3 450万桶/日。不过欧佩克8年来首次达成减产协议，表明相关产油国已经在共同利益面前团结在一起，因此认为减产协议成功履行的概率相对较大。但是减产协议的有效期仅为6个月，势必对下半年的油价不利。上半年油价预期上涨将利好金价。

黄金需求主要受中国和印度两个消费大国的影响，印度的消费旺季已过，马上迎来中国最大的传统节日——春节，黄金的消费需求将在一定程度上推升金价。

黄金的正向影响因素总体对金价构成利好。

其次，影响金价的前两大负向影响因素依次为美国十年期国债收益率和美元指数。

美国十年期国债收益率是黄金的持有成本,主要与美联储加息预期有关。美联储在2016年12月议息会议成功后加息25个点,并预计2017年加息3次。需要关注的是,在2015年年底美联储曾预期2016年加息4次,实际加息次数远少于预计数。当前市场的普遍预期是2017年加息两次,因此可以合理地预计,2017年美联储加息会少于3次,这将部分提振金价。但是特朗普上台后财政刺激政策或很好地提振美国经济,这将给加息更好的理由。需要警惕的是,特朗普的财政刺激政策存在一定的矛盾之处,扩大财政支出会提高美国的财政赤字,利息支出将是巨大的负担。此外,就算特朗普财政刺激政策能够理想运行,但是应该需要一定的时间来检验,故在6月前加息的概率相对较低,6月前金价受美国国债收益率的影响应该较小。

美元是黄金的直接计价单位,近期美元指数不断走高,截至2016年12月30日,美元指数报102.39,较上一日有所缩窄。当前美元指数已经处于相对高位,短期要大力上行,难度相对较大,不会对金价构成重大打压。但长期来看,美国经济如果运行良好,美元指数将会再次冲高,黄金会在一定程度上承压。

黄金的负向影响因素短期对金价不会构成重大打压,但长期来看压力仍在。

从国际因素来看,欧洲是2017年风险集聚区,法国、德国等将相继大选,这或许又是"黑天鹅"频飞的日子。受全球经济下行、民粹主义抬头和反全球化浪潮的影响,2017年注定是不平凡的一年,多种不确定性无疑凸显黄金这个硬通货的避险作用,对金价构成支撑。

综上所述,尽管2017年多空力量胶着,但是2017年上半年总体对金价构成利好,金价有望回升至1 250美元/盎司,作为长期的硬通货,金价有望在年底达到1 300美元/盎司。

因此,2017年上半年将迎来黄金的一个牛市,但由于多种不确定性因素的影响,故此,我们推荐黄金投资指数:★★★★。

2. 白银推荐投资指数:★★★★

利好压倒利空　伦敦银有望回归20美元/盎司

上文已提到当前银价处在2011年以来下跌趋势的一个反弹回调期,14美元/盎司将是其重要的支撑位,一旦下破此位,银价或会进一步下行,跌至10美元/盎司。但结合白银的供需状况、影响因素及相关宏观环境,白银进一步下行的概率不大,需求回暖、避险情绪等诸多利好将助推银价上涨20%～30%,银价将重新回到20美元/盎司的上方。

首先,影响银价的前三大正向影响因素依次是黄金价格、美国消费物价指数和石油价格。

黄金、白银同属贵金属,受不确定性因素的影响,我们预期2017年黄金价格有望在上半年上涨至1 250美元/盎司,2017年年末甚至站稳1 300美元/盎司。受黄金价格的拉升,银价有望遵循黄金价格的涨势而上行。另外,从金银比价来看,近16年来金银比价的均值为62.16,波动区间为[31.74, 84.75]。目前的金银比价相对高企,基本维持在70的高位。这些表明白银当前的估值偏低,存在较大的上涨空间(见图3)。

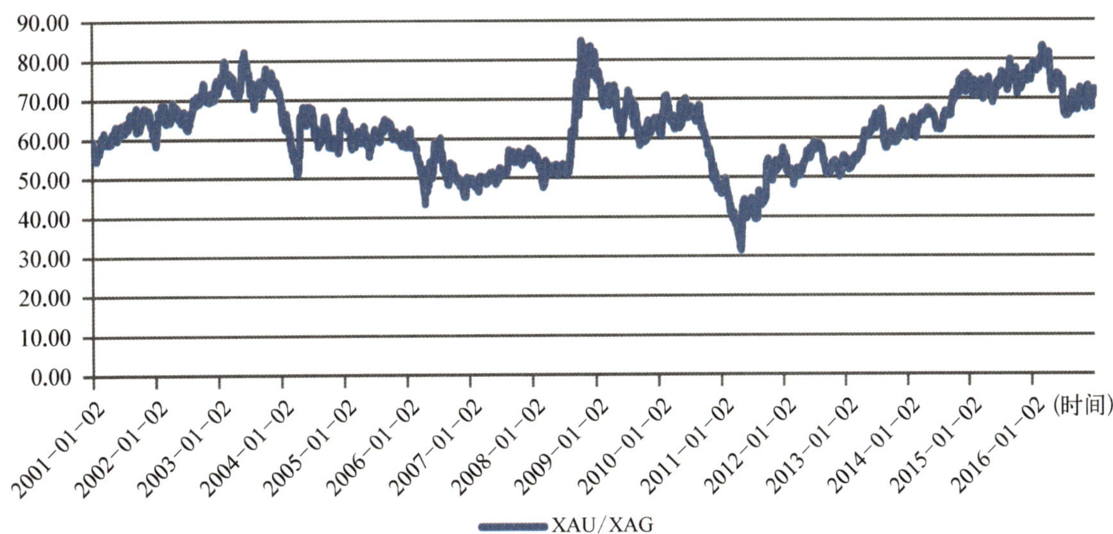

注：金银比较采用伦敦金/伦敦银计算得出，伦敦金和伦敦银均采用其日收盘价，数据范围为2001/1/2 ～ 2016/12/30。

图3　金银比价在70以上的高位震荡

美国消费物价指数与美国经济运行息息相关。近一年来，美国经济数据向好，表明美国经济已经开始复苏，美国第三季度CPI年率为1.70%，离2%的控制目标已经很接近。当前，市场对美国经济运行前景看好，预计2017年美国CPI会进一步上行，美联储将CPI控制在2%能够实现，这将为银价的上涨提供支撑。

原油价格需要重点关注欧佩克国家减产协议的执行情况，尽管页岩油革命使得欧佩克国家对石油价格的控制有所降低，但是开采成本是页岩油大幅增产的重大障碍。2017年初，沙特严格执行减产计划，预期油价会涨至55 ～ 60美元/桶的水平。截至12月30日，WTI原油报价53.72美元/桶，油价还有进一步上行的空间，会推动银价上涨。

白银的正向影响因素总体对银价构成利好。

其次，影响银价的前两大负向影响因素依次为美国十年期国债收益率和美元指数。

美国十年期国债收益率是白银的持有成本，这与美联储加息相关。美联储在2016年12月议息会议上表明2017年会加息3次，但是市场预期为2次。我们预计美联储2017年会加息1 ～ 2次，且在6月前加息概率较小。美联储加息的基础是美国经济表现良好，特朗普减税和基建政策都需要时间来检验，2017年上半年银价受美国国债收益率的影响应该较小。

美元是白银的直接计价单位，当前美元指数已经处于相对高位，截至2016年12月30日，美元指数报价102.39，较前一日回落0.25。长期来看，美国经济的持续好转会推高美元，但是短期美元指数要持续上攻可能性不大。美元走强对美国的出口不利，虽然说美国属于消费型国家，据统计，美国2016年第二季度消费占GDP比重已经高达70%。但是，特朗普的制造业回流美国期望或会落空，毕竟苹果等大量公司的海外消费市场巨大。短期美元指数不会大涨,或许有一定的回调,对银价的上行压力较小。

白银的负向影响因素短期对银价不会构成重大打压,但长期来看压力仍在。

从供需因素来看,白银区别于黄金的一个重要属性是其工业属性,摄影、电子都是白银的重要需求方。2016年,白银的供给与需求均从高位回落,但是需求依旧旺盛。据预测,2016年中国GDP增速预计为6.7%,维持在控制目标内,让市场预期2017年中国经济或从"L"形底部反弹。此外,特朗普的大搞基建政策或令制造业回暖,全球经济的向好或加大对白银的需求,银价将得到进一步提振。

在对冲风险方面,白银虽不及黄金,但是2017年国际因素复杂,或是"黑天鹅"频飞的日子。英国脱欧和意大利修宪公投失败,民粹主义抬头,2017年的德法大选,民粹主义或有进一步表现;特朗普贸易保护主义倾向严重,世界贸易战是否拖累世界经济有待关注;中国高企的负债也会成为重大的风险点。受这些不确定性因素的影响,白银的硬通货性质将会凸显,银价有望上行。

综上所述,2017年总体对白银构成利好,尤其是上半年利好大于利空,白银将会引发一场牛市,预计上半年伦敦银将会突破20美元/盎司关口。如果下半年利好因素延续,白银或可进一步攀升至30美元/盎司。

因此,2017年将迎来白银的一个牛市,但不排除美元持续走强超过预期,进而打压银价。

故此,我们推荐白银投资指数:★★★★。

3. 原油推荐投资指数:★★★

原油市场表现展望:总体略涨,提防减产违约风险

上文已提到当前国际原油价格处在2015年跌势结束后的低位反弹阶段,随着页岩油、新能源的兴起,油价要回归2011～2014年100美元/桶的高位不切实际。但结合原油价格的影响因素、供需状况以及相关宏观环境,我们预计2017年WTI原油价格将为53～63美元/桶,Brent原油将为55～65美元/桶。下面具体阐述我们做出这些判断的理由:

首先,影响油价的前三大正向影响因素依次是粮食价格、黄金价格和美国消费物价指数。

粮食价格对原油价格的影响重大,玉米、油料作物等粮食作物是生物性燃料的原料。然而,近年来国际粮食价格因为庞大的库存压力,所以一直处于低迷状态。据联合国粮农组织12月月报显示,国际谷物价格指数为142.1,较上一月上涨0.7,虽略有反弹,但较2016年1月的149.1下跌了7,跌幅为4.66%。据美国农业部预计,2016年国际玉米库存2.222亿吨,稻谷库存1.202亿吨,小麦库存2.521亿吨,库存均已达到历史高位。过高的库存势必造成生物燃料供给增加,从而打压原油价格。

黄金作为硬通货,2017年国际风险事件或会增多,我们预计2017年伦敦金将重新站稳

1 250美元/盎司。作为与其相关的系数为0.696的原油价格或会由此得到提振。但需要注意的是，尽管黄金与原油同以美元计价，但是黄金的避险性质远远强于原油，当市场避险情绪高涨，或可同时推升黄金价格和美元，又会在一定程度上打压油价。但总体上，黄金价格上行或许会对原油价格构成利好。

美国消费物价指数是美国经济平稳运行的"晴雨表"，特朗普将于2017年1月20日正式上台主政，其提出的减税、扩大基建等政策让市场对美国经济普遍看好。12月15日的美联储加息也表明美国经济正在复苏，从这些方面看，美联储控制通货膨胀在2%左右的目标即将实现。美国经济的日趋向好或可进一步提振美国消费物价指数，对油价构成支撑。但需要警醒的是，美国的国家政策并不是总统一人说了算，参议院和众议院都是掣肘，特朗普能否如实兑现竞选时的承诺，尚需拭目以待。而且，美国经济的好转在推高美国消费物价指数的同时也会推高美元指数，进而打压油价。

原油的正向影响因素利空与利好相互胶着，但总体来看，利空略占优势。

其次，影响原油价格的前三大负向影响因素依次为美元指数、消费信心指数和美国十年期国债收益率。

美元是国际原油的直接计价单位，预计美元指数会进一步冲高。目前，美元指数已经处于高位，截至12月30日，美元指数报收102.39，较前一日回落0.25。但我们认为美元指数回落并不是美国经济基本面有所改变，而只是市场对近期美元拉升过快的一个本能反应。短期内，美元指数上行预计会偏缓慢，甚至会有所回落，这对近期油价的压力较小。但长期来看，美元走强对油价持续施压。

密歇根大学消费信心指数衡量市场对美国经济前景的看法，特朗普的制造业回流、减税、加大基建都会提升消费者信心。2016年11月，密歇根大学消费信心指数高达93.8，创下近6个月以来的新高。我们预期，随着特朗普走马上任，消费信心指数将会进一步冲高，并进一步打压原油价格。

美国十年期国债收益率对原油价格的影响不及美元指数，美联储预计2017年加息3次，一旦加息成功，十年期国债收益率将进一步上行，倒逼油价。但是市场预期美联储2017年加息两次。我们预期美联储在2017年6月之前不会加息，美国十年期国债收益率短期不会对原油价格构成重大打压。但综观2016年，美国十年期国债收益率已经由1.358%反弹至2.446%，预期2017年后半年美联储加息依然对油价构成利空。

原油价格的负向影响因素无论在短期还是在长期，都将对油价进行打压。

尽管各种影响因素总体不利于油价上行，但是我们关注的焦点应该集中于减产协议的执行情况。前文已提到，当前油价已经处于低位，原油需求非常旺盛。在11月末达成的OPEC减产协议或是以后油价上行的最关键因素。11月30日，OPEC协议将原油日产量减少120万桶，至3 250万桶/日，沙特作为表率自愿承担最大的减产份额，而准许伊朗增产至

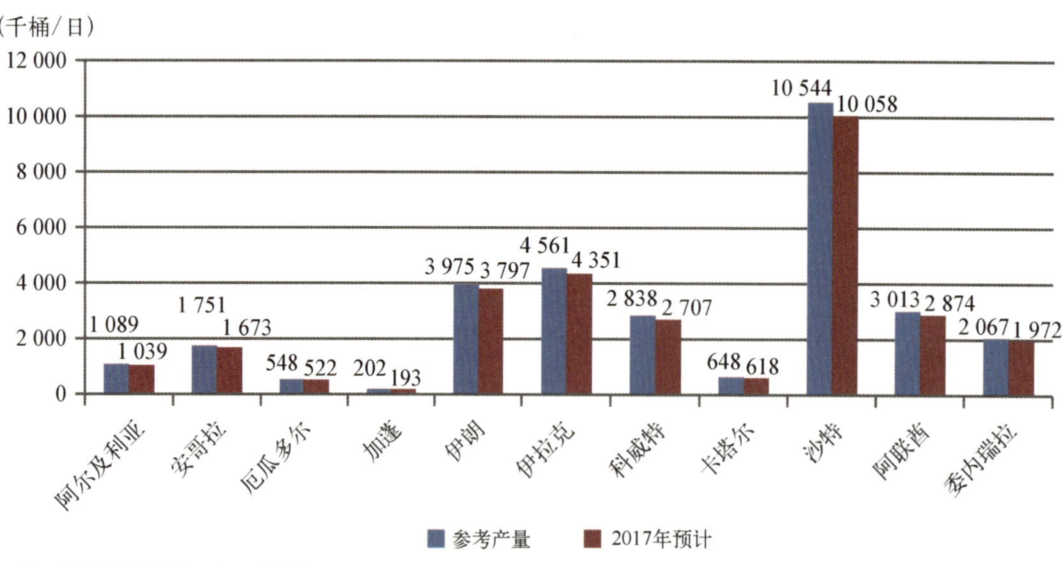

注：数据来源于OPEC 12月月报。

图4　OPEC减产协议前后产量预计变化

核制裁前的水平(见图4)。但需要关注的是,OPEC另外两个成员——利比亚和尼日利亚并没有参与减产协议,如果在减产协议执行期间,两者大幅增产,或许会抵消掉部分减产努力。然而,利比亚和尼日利亚的产能远不及沙特、伊拉克和伊朗大,故此次减产尚会取得一定的效果。此外,油价的上行又会刺激页岩油的增产,对油价构成打压,但页岩油目前开发的生产技术成本较高,市场普遍认为页岩油需要油价达到70美元/桶才有大幅增产的动力,因此油价不会上行到70美元/桶以上。

在需求上,原油需求仍然较为强劲,但是可替代品正在逐步取代部分原油市场,但鉴于液化石油气、电动能源等无法填补当前原油的强劲需求,“后石油时代”尚不成熟,原油市场还将继续活跃。

综合以上分析,除了原油供需方面对油价构成支撑,其他重要影响因素无一例外地均对油价构成压力。此外,2017年国际宏观环境并不会太平,民粹主义抬头,反全球化趋势越演越烈,经济下行风险依然持续,原油市场将会面临种种考验。如前所述,2017年国际油价聚焦OPEC减产情况的执行,如果执行情况良好,WTI原油将上涨至53～63美元/桶,Brent原油上涨至55～65美元/桶;但如果OPEC减产执行不力,油价或恐再度跌破50美元/桶。

故此,我们推荐原油投资指数:★★★。

4. 铜投资推荐指数:★★★

2017年全球铜市场表现展望:总体看涨,预计伦敦铜年均值为5 800美元/吨

上文已提到当前国际铜价处于2011年跌势结束后的触底反弹阶段,并且有望复制2009年的涨势行情。然而,2017年国际环境瞬息万变,我们预计2017年上半年铜价仍会

窄幅震荡，震荡区间为[5 500, 6 000]，但下半年可能迎来一波涨势，有望突破6 000美元/吨，年度均值为5 800美元/吨。下面结合铜的相关影响因素、供需状况以及相关宏观环境进行阐述。

首先，影响铜价的前三大正向影响因素依次为石油价格、黄金价格和美国消费物价指数，其总体对铜价构成支撑。

原油价格与铜价密切相关，11月30日OPEC首次达成减产协议，计划日均减产120万桶。此前，我们预计如果减产协议能够一以贯之地运行，WTI原油将会上涨至53～63美元/桶，Brent原油将会上涨至55～65美元/桶。而且，"后石油时代"迹象已经显现，油价要大力上行困难重重。叠加美联储计划2017年加息3次，美元走强会一直打压油价。但是，原油价格的小幅上涨依然对国际铜价构成支撑。

黄金和铜同属于金属，其共有的金属属性决定了两者都可以对抗通胀。然而，黄金作为硬通货，其避险性能尤佳。2017年是困难重重的一年，"黑天鹅"事件或会频出，这会强化黄金的避险需求，从而推高金价。我们预计2017年上半年伦敦金会突破1 250美元/盎司，并有望2017年年底站上1 300美元/盎司。2017年黄金价格上涨将对铜价构成支撑。

美国消费物价指数伴随美国经济的日趋向好逐渐提升，12月季调后消费物价指数同比上涨2.1%，环比上涨0.3%，已经超过了2%的控制目标。但是目前消费物价指数与2%相当接近，尚处在温和通胀阶段，美国政府不会有过多的干预。预期2017年美国消费物价指数还会维持当前的规模，总体对铜价格构成支撑。

其次，影响铜价的前三大负向影响因素依次为美元指数、消费信心指数和美国十年期国债收益率，其总体对铜价构成压力。

美元长期还会进一步上行，会对以美元计价的大宗商品构成重压。2016年12月美联储成功加息，并预计2017年加息3次。而我们预计美联储在2017年上半年不大可能加息，而且全年加息的次数会低于3次。但是美元和黄金同属避险资产，2017年上半年的欧洲各国大选或会推升美元。因此，美元无论是长期还是短期，均会对铜价构成打压。

美国消费信心指数伴随特朗普当选有步步抬升的趋势，特别是特朗普所倡导的减税、加大基建政策让民众对美国经济前景愈加看好。从这一点出发，密歇根大学消费信心指数会对铜价构成打压。

美国十年期国债收益率已经终结了下跌转而向上，当前美国经济运行良好，不需要宽松货币政策的推动，预计美国十年期国债收益率还会进一步上行。截至12月30日，美国十年期国债收益率报收2.446%，已经高于2016年年中低点，接近1%。美国十年期国债收益率对铜价构成打压。

铜价的重要影响因素多空力量胶着，不存在明显的优、劣方。

在供需方面，诸多利好或可推升铜价。从供给来看，尽管库存高企，但是铜矿的供应预计减少或许会给铜价一定的提振。一是铜矿第一大国——智利因总统选举引发骚乱或影响铜矿的产量，甚至减产；二是印度尼西亚禁止原矿出口；三是去产能、去库存还在持续。

从需求来看，前景向好。首先，2017年1月下旬特朗普将正式入主白宫，根据其对经济的设想，将大力发展基建设施，而铜作为基建的重要原材料，自然会增大对铜的需求；其次，欧美经济的复苏及中国经济的稳定发展也对铜的需求构成利好。据数据显示，在10月份，美国、欧盟、中国等主要经济体和其他新兴市场PMI均有所回升，截至第三季度，美国GDP增速为2.9%，高于预期的2.5%，创下近年来新高；中国GDP第三季度增速为6.70%，与上半年持平；而欧盟第三季度同比增长1.8%，亦呈现上升势头。

此外，需要重点关注欧盟大选、特朗普上台主政具体实施措施、美联储加息相关情况。

综上所述，受益良好的供需面，2017年铜市总体看涨。但是风险仍然存在，第一大风险在于美元走强或超过预期，特朗普新政或会大力推高民众对美国经济的乐观情绪，美元涨势远超预期；其次是全球经济进一步放缓，打压铜需求。欧洲大选结果或不利于欧洲经济运行，特朗普新政效果不及预期，都是需求回落的关键。排除这些风险点，我们预计2017年伦敦铜会突破6 000美元/吨，年度均值为5 800美元/吨。

故此，我们推荐铜投资指数：★★★。

5. 粮食市场投资指数：★★

2017年全球粮食市场表现展望：上半年延续跌势，下半年或有反弹，总体下跌

前文已提到，当前全球粮食价格已经处于2011年以来的历史低位，但是供需结构仍属宽松、库存高企的结构仍未改变，短期来看，粮价还会进一步下跌。但是，不同粮食作物或有不同表现，本部分先对整个粮食市场宏观环境做一个概括，然后分品种进行论述。

首先，低廉的粮价或是全球粮食供应的致命伤，粮食供应增速将会放缓。近年来，国际粮价不断走低，而粮食种植成本不断上升，种植粮食作物的利润逐渐缩窄。如图5所示，小麦单产成本由2000年的58.38美元/英亩上升至2015年的115.32美元/英亩，而单产利润却由2012年的215.98美元/英亩缩窄至99.39美元/英亩；玉米单产利润由2011年的505.44美元/英亩回落至278.76美元/英亩；大豆单产利润由2012年的424.53美元/英亩下跌至237.2美元/英亩；稻谷单产利润由2011年的792.71美元/英亩减少到537.15美元/英亩。成本走高、利润下滑会驱使部分粮农减产或是转行，粮食供给量会在一定程度上受到打压，这在一定程度上会提振粮价。

其次，耕地面积有限是限制产量无限上涨的天花板，决定粮食作物种植面积只能进行结构调整。如是，粮农会增加经济效益更好的作物的种植面积，而减少经济效益较差的作物的种植面积。从目前来看，大豆的经济效益要比小麦高，预计2017年小麦的种植面积会缩减，而大豆的种植面积将会增加。从这点出发，小麦的产量预计减少提振其价格，大豆的产量增多打压其价格。

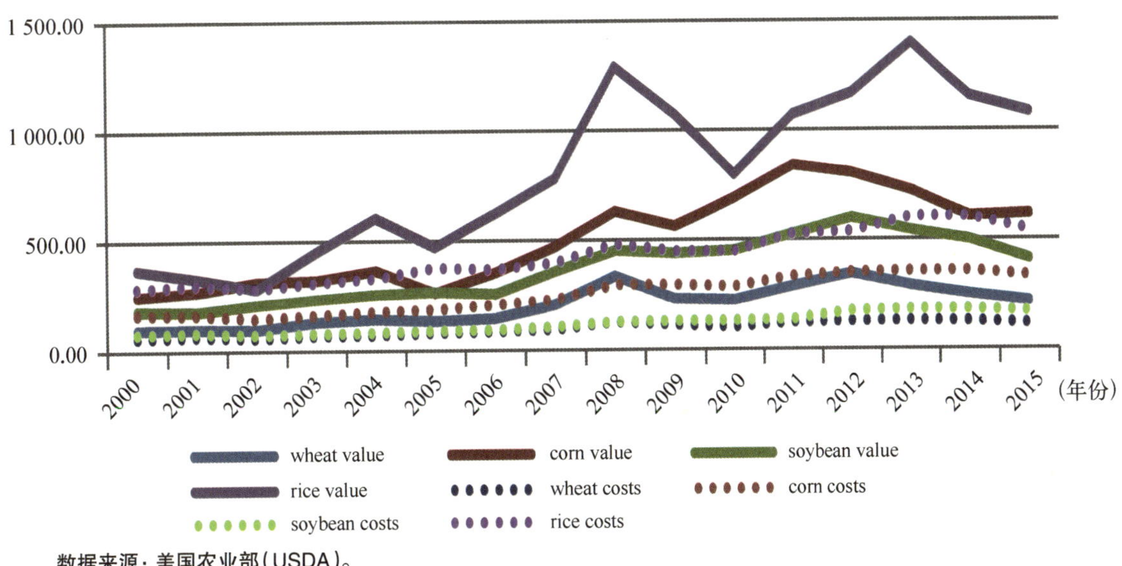

数据来源：美国农业部(USDA)。

图5 2000～2015年美国主要农作物单产成本增加，利润进一步缩窄

再次，全球粮食价格和原油价格密切相关，前面我们已统计出2001～2016年原油价格和粮食价格的相关系数高达0.855。OPEC于2017年正式进入减产阶段，如果减产一以贯之地执行，2017年原油均价预计上涨至55～65美元/桶，这将对全球粮价是一个利好。一方面，原油价格上涨增加了粮食的运输成本；另一方面，原油价格上涨会增进对生物燃料的需求，粮食库存压力会得到一定的释放。

最后，食用需求已经不再是粮食需求的重要增长点，工业需求需要引起注意。目前全球总的人口增长速度在放缓，据世界银行统计数据，2015年全球人口增长率为1.182%，这意味着人口对粮食需求增长的作用在减弱。随着全球经济的复苏，2017年对粮食作物的工业需求会得到提升，这对粮食价格会构成利好。

分品种来看，小麦种植面积的减小会使产量增速放缓，小麦价格有望触底反弹。但从时间上看，2017年上半年，受制高企的库存，小麦价格或会进一步下跌。如前所述，2016年底小麦库存2.533亿吨，库存比0.342 3，上半年将是一个小麦库存的释放期。而下半年，种植面积的减小或使产量降低，将对价格构成支撑。据美国农业部的数据显示，2016年9～11月美国冬小麦种植面积为3 238.3万英亩，同比下跌近10%，种植面积降至1909年的最低水平。不过，俄罗斯、乌克兰2016年底冬小麦的播种顺利，天气条件良好或使两国产量有所增加，部分抵消美国缩减种植面积的影响。预计上半年美国小麦或跌至380美分/蒲式耳以下，下半年触底反弹，有望突破440美分/蒲式耳，年均值在420美分/蒲式耳左右，低于2015年的均值440.24美分/蒲式耳。

同小麦类似，玉米价格也将迎来上半年的下跌和下半年的反弹。前面已提到2016年玉米预估库存为2.21亿吨，库存消费比为0.215 2，过高的库存将在2017年上半年打压玉米价格。而在下半年，种植面积减少导致产量降低，会提振玉米价格。但是这也存在一定的不确定性，阿根廷目前已经取消玉米出口关税，其种植面积又会有所扩大，部分抵消美国减少的种植面积。可是，玉米的强能源属性预计会在2017年发挥极大的作用，油价的高企将刺激玉米作为生物燃料的需求，对玉米价格构成支撑。预计上半年美国玉米价格会小幅下跌10美分/蒲式耳，达到340美分/蒲式耳的低点，在下半年触底反弹，冲上380美分/蒲式耳的高位，年均值为360美分/蒲式耳，略高于2015年的358.51美分/蒲式耳。

稻谷消费量比较稳定，但是目前库存压力也非常明显。2016年稻谷预估库存为1.187亿吨，库存消费比达0.248 4，库存压力比玉米更大。上半年高库存会打压稻谷价格，加之稻谷主产国——泰国需要在2017年处理完毕陈稻，这就会进一步拉低稻谷价格。上半年稻谷价格可能跌破9美元/英担。随着库存的释放和菲律宾大米进口限制的取消，稻谷也会引来一波新的反弹，2017年年内稻谷均值预计为10美元/英担，将略低于2016年的均值10.37美元/英担。

大豆经济效益较好，是粮农竞相追捧的农作物。玉米、小麦缩减的种植面积部分将会转到种植大豆，预计2017年大豆产量会在2016年的基础上有较大幅度的提升，这将给大豆价格带来打压。但是大豆价格不会大幅下跌，大豆的库存压力是四大农作物中最小的，2016年预估库存为9 627万吨，库存消费比为0.157 9。其次，大豆是重要的油料作物，世界经济向好，其需求旺盛。因此，预计大豆价格会在900～1 150美分/蒲式耳运行，年度均值为980美分/蒲式耳。

综上所述，高企的库存会制约2017年上半年粮食价格的上涨，而库存压力的释放和强劲的工业需求将拉升2017年下半年的粮食价格。总体而言，2017年全球粮食价格将温和收跌，谷物指数或跌破140，介于130～140之间，延续2016年的下跌趋势。但分品种来看，小麦跌幅会较大，稻谷和大豆将会微跌，而玉米或有小幅上涨。然而，风险依旧存在，一是天气风险，2017年是拉尼娜年，恶劣天气或可造成主要粮食产区大幅减产，从而推高粮食价格；二是美元走强风险，美国加息次数超过预期，将打压以美元计价的粮食作物价格。

故此，我们推荐粮食市场投资指数：★★。

附录

贵金属及商品的影响因素相关性分析

1. 黄金价格的影响因素分析

（1）黄金价格正向影响因素top3：美国消费物价指数、原油价格、黄金需求

对黄金价格产生显著正向影响的三大因素分别是美国消费物价指数、原油价格和黄金需求。黄金价格与其重要正向影响因素的相关性分析见表20。

美国消费物价指数是通货膨胀率的一个度量，而抗通胀是黄金的一大作用。美元指数与黄金价格的相关系数高达0.904（见图6），且通过了1%的显著性水平检验，是影响黄金

表20　黄金价格与其重要正向影响因素的相关性分析

影响因素	样本量	相关系数	重要程度排序	数据来源及其说明
美国消费物价指数	191	0.904**	1	美国消费物价指数采用美国劳工部官网公布的非季调月度数据，黄金价格由伦敦金日数据简单平均求得月数据，数据范围为2001/1～2016/11
原油价格	4 043	0.696**	2	原油价格采用WTI原油价格日收盘数据，黄金价格采用伦敦金日收盘数据，数据范围为2001/1/2～2016/12/30，剔除数据无法匹配的日期
黄金需求	63	0.598**	3	黄金价格采用伦敦金季度均值数据，黄金需求来自世界黄金协会季度报告，数据范围为2001Q1～2016Q3

注：**表示通过1%的显著性水平。

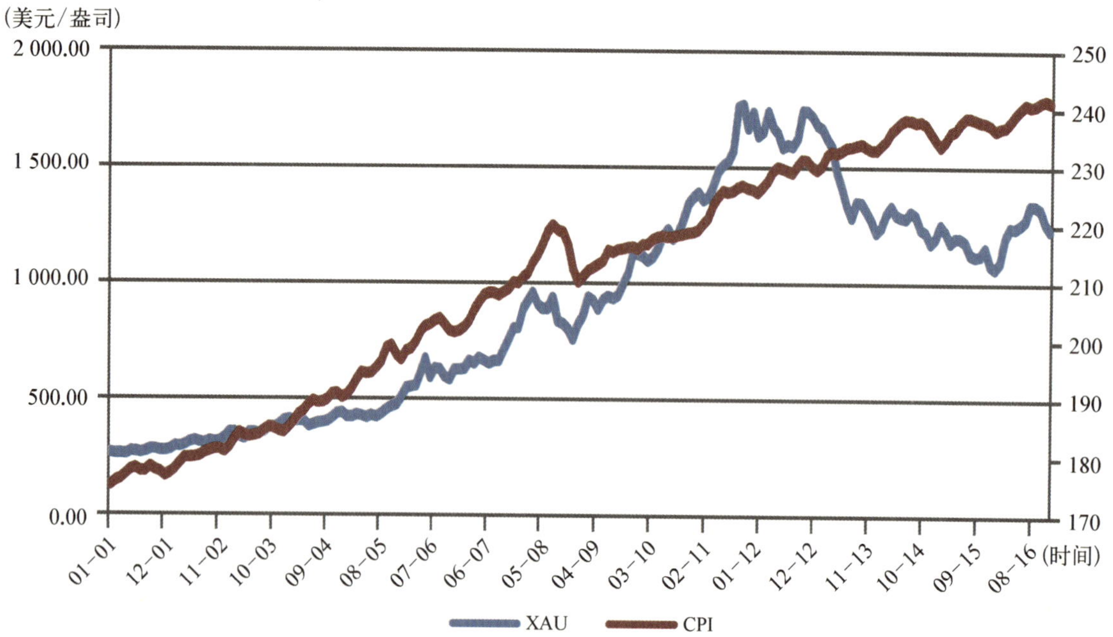

注:美国消费物价指数采用美国劳工部官网公布的非季调月度数据,黄金价格由伦敦金日数据简单平均求得月数据,数据范围为2001/1 ~ 2016/11。

图6　2001M1 ~ 2016M11伦敦金与美国CPI相关系数高达0.904

价格的第一重要正向影响因素。如图6所示,美国消费物价指数基本成上行势头,在2011年之前与金价是高度吻合的,2011年之后尽管有一定的偏离,但是通胀扩大时黄金价格也呈上涨趋势。

石油价格对世界经济的影响不言而喻。首先,石油代表未来市场的消费预期,从客观上反映出一定的通胀水平。其次,石油和黄金均以美元计价,美元走强将对两者的价格造成打压。因此,石油和黄金具有较强的正向相关关系,石油是影响黄金价格的第二正向相关因素,两者相关系数达0.696。如图7所示,石油价格与黄金价格基本上同向变动,但自2016年8月份以来,油价与金价出现了一定的背离,美元走强打压金价,而欧佩克减产协议生效对油价形成支撑。

黄金尽管具有很强的金融属性,但其已经不再扮演货币的角色,黄金的需求也会对其价格产生重要影响。黄金需求旺盛推高金价;反之亦然,两者之间的相关关系达0.598,且通过了1%的显著性水平检验。如图8所示,黄金需求起伏波动,但是总体是向上的,这与16年来金价总体上行是对应的。

(2)黄金价格负向影响因素top2:美国十年期国债收益率、美元指数

影响黄金价格的两大重要影响因素分别是美国十年期国债收益率和美元指数。黄金价格与其重要负向影响因素相关性分析见表21。

美国十年期国债收益率是影响黄金价格的第一重要负向影响因素,两者之间的相关系

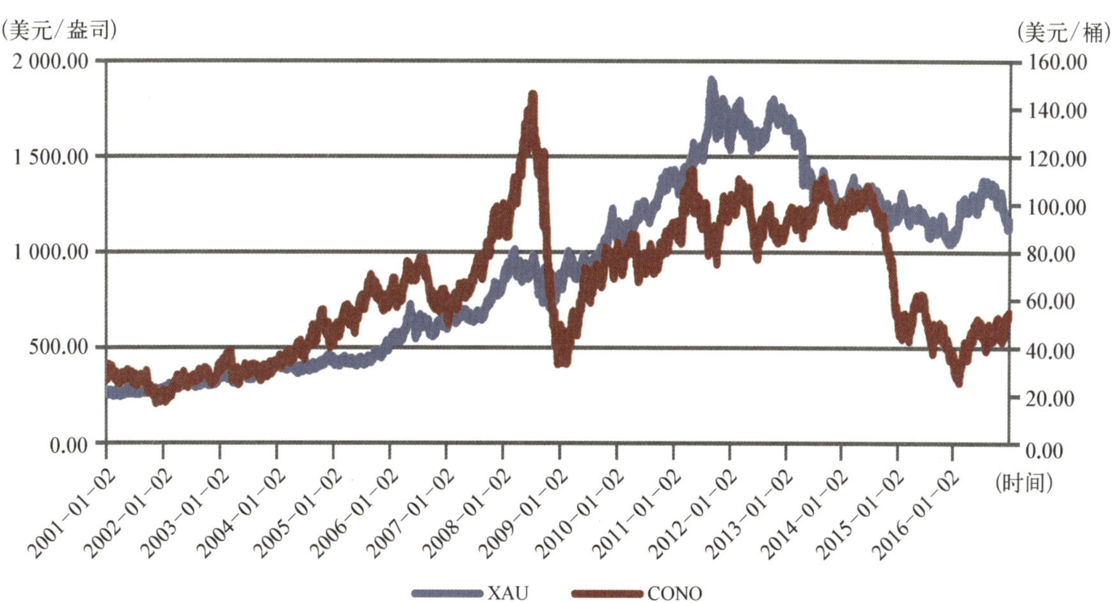

注：原油价格采用WTI原油价格日收盘数据，黄金价格采用伦敦金日收盘数据，数据范围为2001/1/2 ～ 2016/12/30。

图7　2001 ～ 2016年伦敦金与WTI原油相关系数为0.696

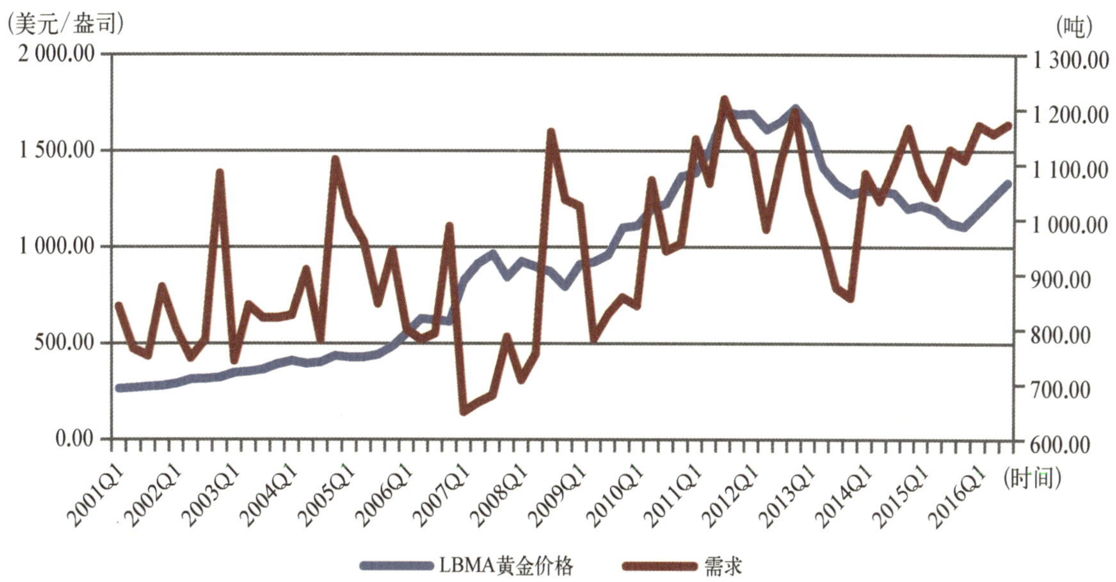

注：黄金价格采用伦敦金季度均值数据，黄金需求来自世界黄金协会季度报告，数据范围为2001Q1 ～ 2016Q1。

图8　2001Q1 ～ 2016Q1伦敦金与黄金需求相关系数为0.598

数为−0.855。黄金的一个重要属性是其不产生利息，国债收益率正是黄金的机会成本，当国债收益率提升，持有黄金的机会成本就越大，市场参与者更倾向于持有国债，从而金价下跌。如图9所示，除去个别年份，伦敦金的高点基本上与美国十年期国债收益率的低点对应；反之亦然。

表21　黄金价格与其重要负向影响因素相关性分析

影响因素	样本量	相关系数	重要程度排序	数据来源及其说明
十年期国债收益率	4 021	–0.855**	1	美国十年期国债收益率采用Investing.com公布日收盘价格，黄金价格采用伦敦金日收盘价，数据范围为2001/1/2 ~ 2016/12/30，剔除数据无法匹配的日期
美元指数	4 046	–0.573**	2	美元指数采用日收盘价格，黄金价格采用伦敦金日收盘价，数据范围为2001/1/2 ~ 2016/12/30，剔除数据无法匹配的日期

注：**表示通过1%的显著性水平。

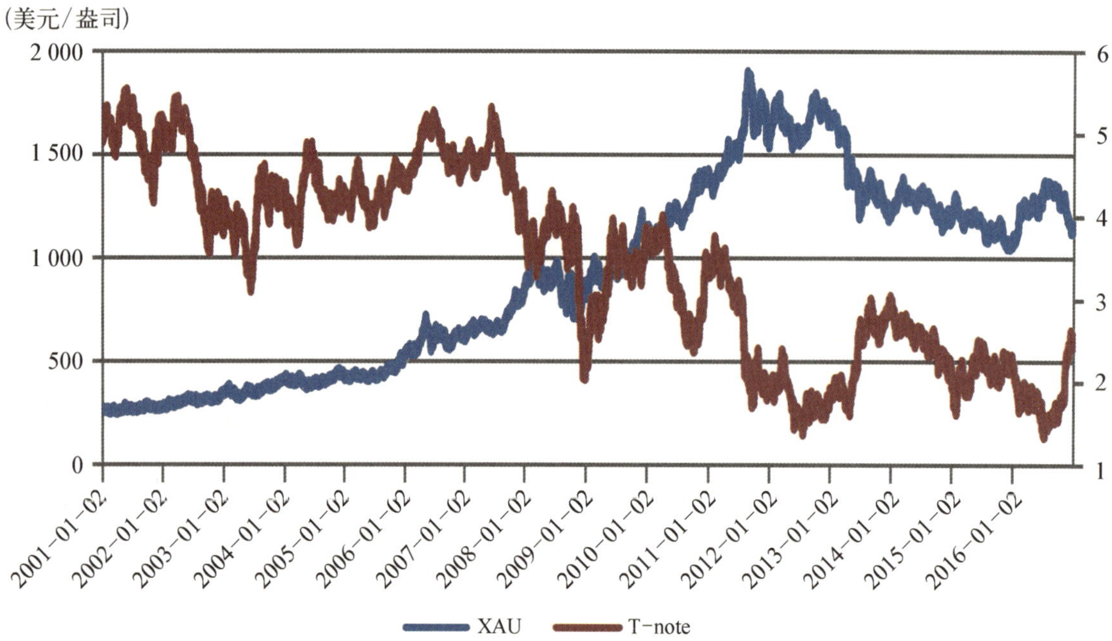

注：美国十年期国债收益率采用Investing.com公布日收盘价格，黄金价格采用伦敦金日收盘价，数据范围为2001/1/2 ~ 2016/12/30。

图9　2001 ~ 2016年伦敦金与美国十年期国债收益率相关系数为–0.855

美元是黄金的直接计价单位，美元的走强一般会打压金价，近16年来美元指数与伦敦金的相关系数为–0.573，且通过了1%的显著性水平检验。如图10所示，黄金价格基本与美元指数逆向行驶，但两者都具有一定程度的避险功能，当经济环境变得复杂时，可能造成美元和黄金同时上涨，如英国退欧就一度造成黄金和美元齐涨的局面。

2. 白银价格的影响因素分析

(1) 白银价格正向影响因素top3：黄金价格、美国消费物价指数、原油价格

对白银价格产生显著正向影响的三大因素依次为黄金价格、美国消费物价指数和原油

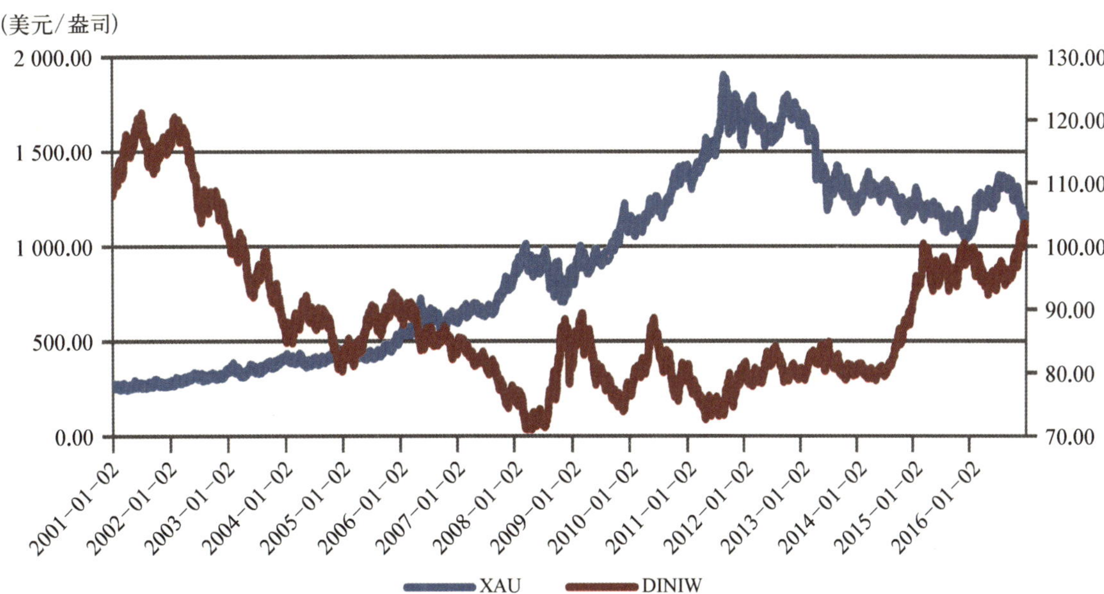

注：美元指数采用日收盘价格，黄金价格采用伦敦金日收盘价，数据范围为2001/1/2～2016/12/30。

图10　2001～2016年黄金价格与美元指数相关系数为-0.573

价格。白银价格与其重要正向影响因素的相关性分析见表22。

表22　白银价格与其重要正向影响因素的相关性分析

影响因素	样本量	相关系数	重要程度排序	数据来源及其说明
黄金价格	4 158	0.938**	1	黄金价格采用伦敦金日收盘数据，白银价格采用伦敦银日收盘数据，数据范围为2001/1/2～2016/12/30，剔除数据无法匹配的日期
美国消费物价指数	191	0.756**	2	美国消费物价指数采用美国劳工部官网公布的非季调月度数据，白银价格由伦敦银日数据简单平均求得月数据，数据范围为2001/1～2016/11
原油价格	4 048	0.750**	3	原油价格采用WTI原油价格日收盘数据，白银价格采用伦敦银日收盘数据，数据范围为2001/1/2～2016/12/30，剔除数据无法匹配的日期

注：**表示通过1%的显著性水平。

黄金价格是白银价格最重要的正向影响因素，投资界素有“金银不分家”的说法，两者的相关系数高达0.938，且通过了1%的显著性水平检验。如图11所示，近16年来伦敦银与伦敦金的价格走势高度吻合，两者的高低点基本对应。

同为贵金属，白银同黄金一样，有一定的抗通胀性。美国消费物价指数与白银价格的相关系数为0.756，尽管低于黄金的相关系数0.904，但其抵御通货膨胀的效果还不错。如

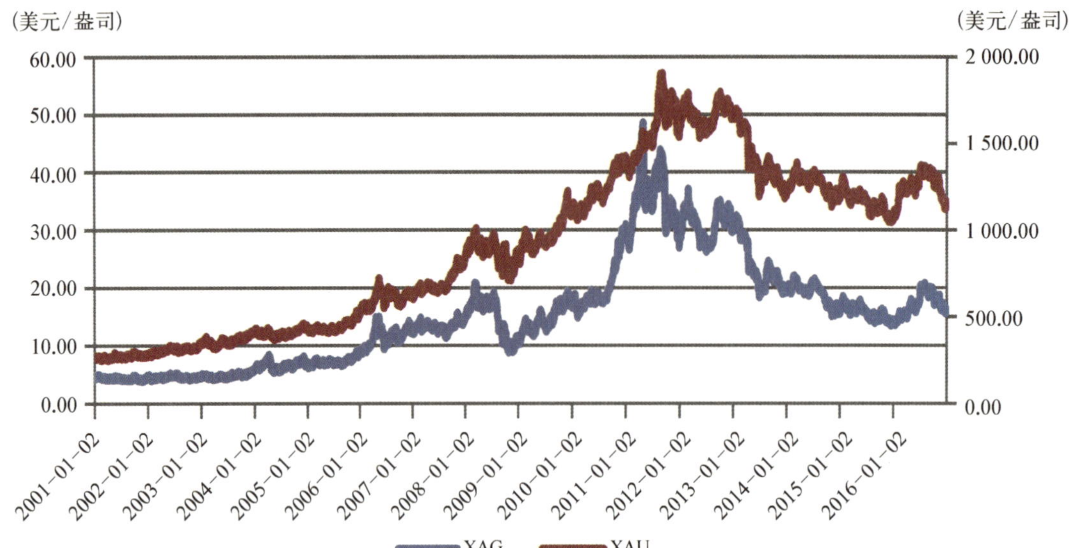

注：黄金价格采用伦敦金日收盘数据，白银价格采用伦敦银日收盘数据，数据范围为2001/1/2 ～ 2016/12/30，剔除数据无法匹配的日期。

图11　2001 ～ 2016年伦敦银与伦敦金相关系数高达0.938

图12所示，近16年来美国CPI呈震荡上行的走势，在2011年4月之前白银上涨期两者的吻合程度比较好，自此之后两者有一定的偏离，但丝毫不影响两者之间的强关联性。

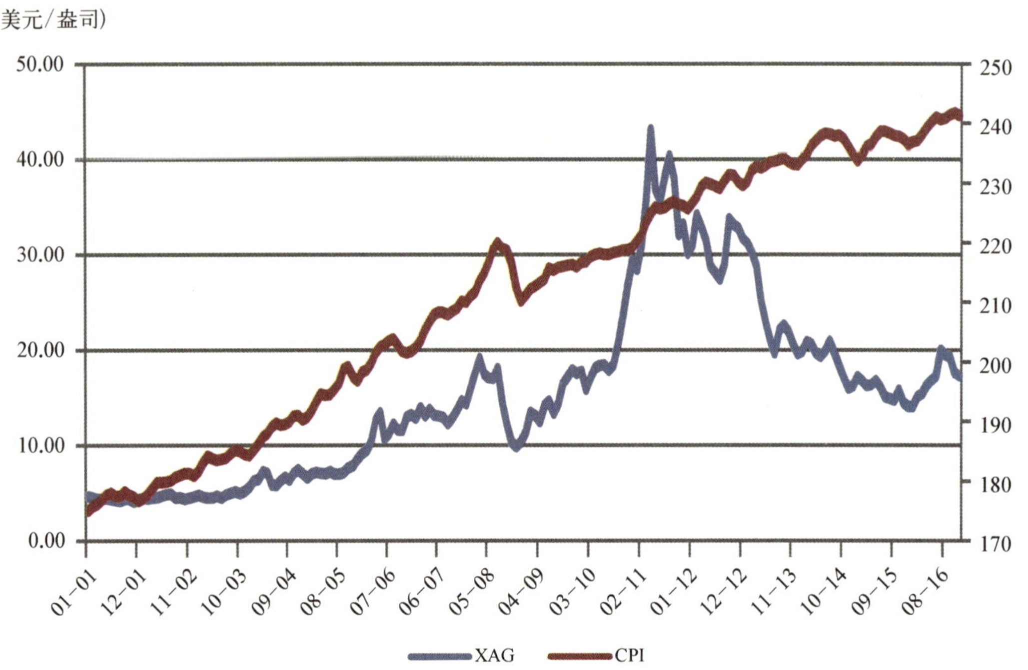

注：美国消费物价指数采用美国劳工部官网公布的非季调月度数据，白银价格由伦敦银日数据简单平均求得月数据，数据范围为2001/1 ～ 2016/11。

图12　2001M1 ～ 2016M11伦敦银与美国CPI相关系数为0.756

与黄金一样，抗通胀和美元计价决定了原油价格与白银价格息息相关，两者的相关系数为0.750，居正向影响因素的第三位。如图13所示，WTI原油上涨基本意味着伦敦银也会上行，两者的吻合程度较高，不过WTI原油价格波动远比伦敦银波动要大，近16年来WTI原油价格在17～146美元/桶的范围内波动，而伦敦银在4～49美元/盎司的区间波动。

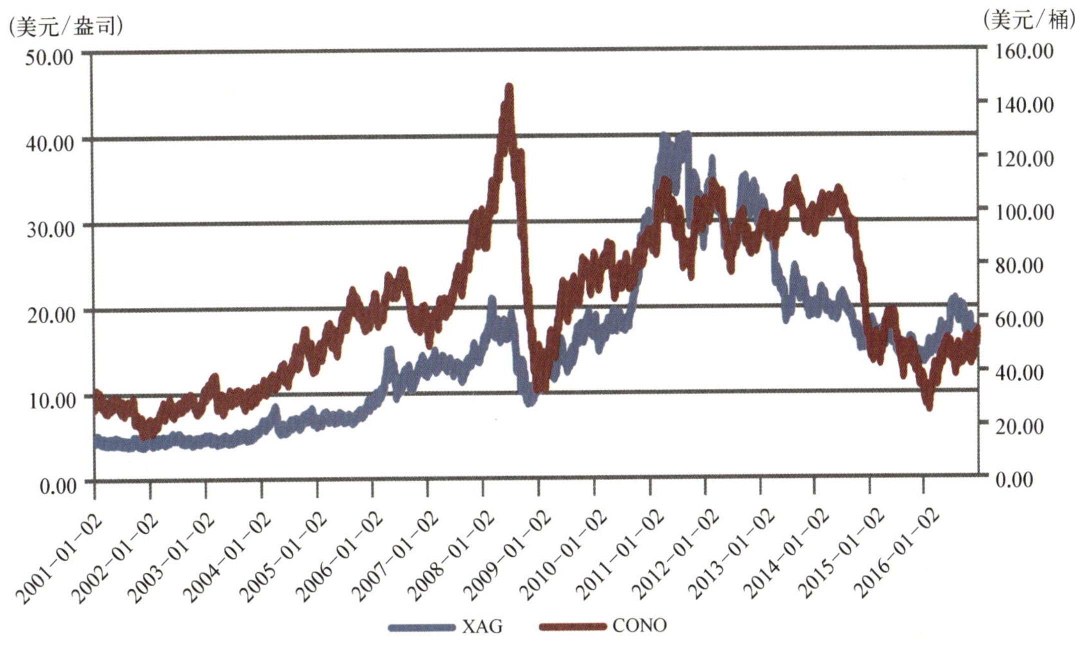

注：原油价格采用WTI原油价格日收盘数据，白银价格采用伦敦银日收盘数据，数据范围为2001/1/2～2016/12/30，剔除数据无法匹配的日期。

图13　2001～2016年伦敦银与WTI原油相关系数为0.750

（2）白银价格负向影响因素top2：美国十年期国债收益率、美元指数

影响白银价格的两大重要影响因素分别是美国十年期国债收益率和美元指数。白银价格与其重要负向影响因素的相关性分析见表23。

表23　白银价格与其重要负向影响因素的相关性分析

影响因素	样本量	相关系数	重要程度排序	数据来源及其说明
十年期国债收益率	4 075	−0.682**	1	美国十年期国债收益率采用Investing.com公布的日收盘价格，白银价格采用伦敦银日收盘价，数据范围为2001/1/2～2016/12/30，剔除数据无法匹配的日期
美元指数	4 155	−0.626**	2	美元指数采用日收盘价格，白银价格采用伦敦银日收盘价，数据范围为2001/1/2～2016/12/30，剔除数据无法匹配的日期

注：** 表示通过1%的显著性水平。

美国十年期国债收益是白银持仓的机会成本，当其上涨时，意味着白银的机会成本变大，两者的相关系数为0.682，是影响白银价格的第一重要负向影响因素。如图14所示，伦敦银价格的高低点基本上与美国十年期国债收益率相对应，当前美国十年期国债收益率从底部反弹对应着伦敦银从高位回落。

美元是国际银的计价单位，美元上涨会使银价承压；反之亦然，两者的相关系数为0.626，要高于金价与美元指数的相关性，从一定程度上反映出白银的避险能力不及黄金。如图15所示，美元指数的冲高对应伦敦银的下跌，美元指数的回落又会促使伦敦银上涨。近期，伦敦银价格下跌很大程度上是由美元走强引起的。

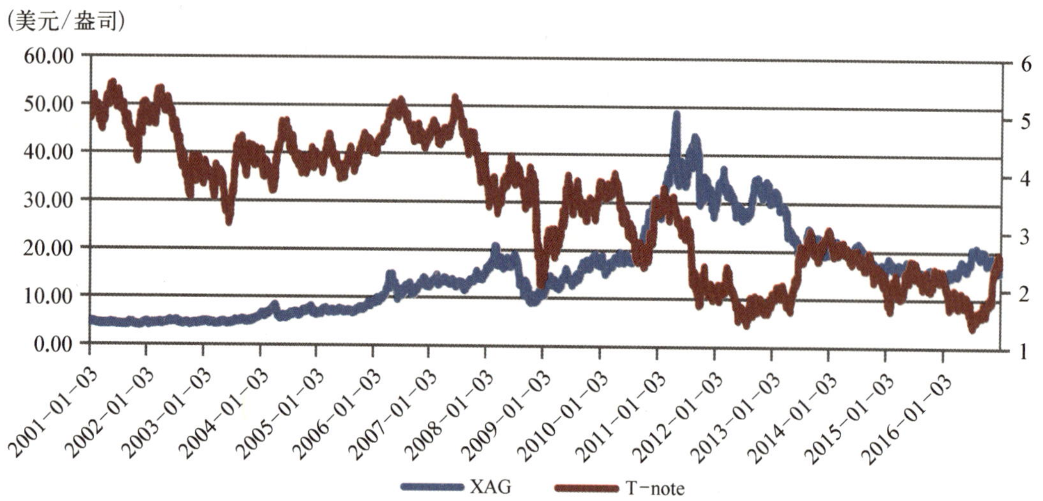

注：美国十年期国债收益率采用Investing.com公布的日收盘价格，白银价格采用伦敦银日收盘价，数据范围为2001/1/2～2016/12/30，剔除数据无法匹配的日期。

图14　2001～2016年伦敦银与美国十年期国债收益率相关系数为0.682

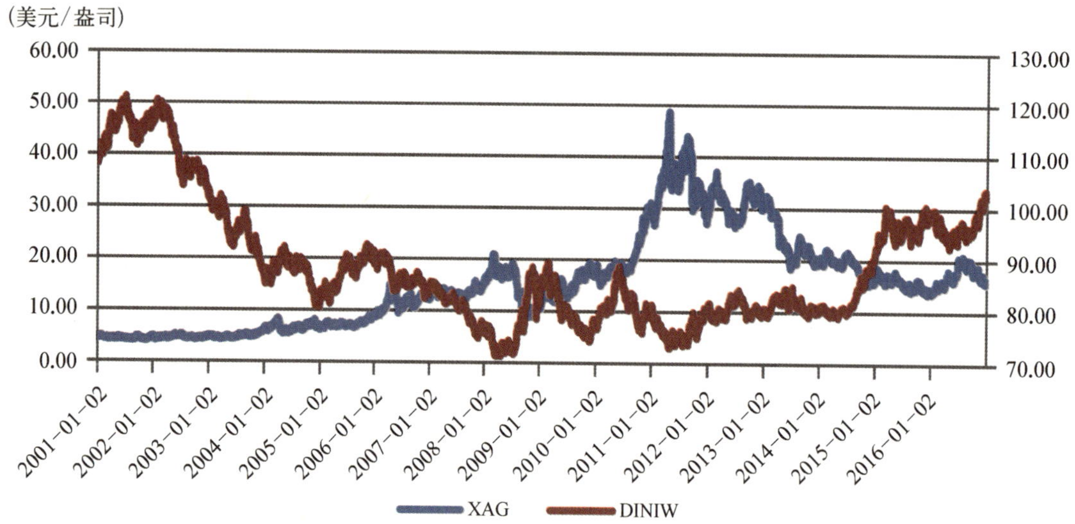

(美元/盎司)
60.00
50.00
40.00
30.00
20.00
10.00
0.00
130.00
120.00
110.00
100.00
90.00
80.00
70.00
2001-01-02
2002-01-02
2003-01-02
2004-01-02
2005-01-02
2006-01-02
2007-01-02
2008-01-02
2009-01-02
2010-01-02
2011-01-02
2012-01-02
2013-01-02
2014-01-02
2015-01-02
2016-01-02
XAG
DINIW

注：美元指数采用日收盘价格，白银价格采用伦敦银日收盘价，数据范围为2001/1/2～2016/12/30，剔除数据无法匹配的日期。

图15　2001～2016年伦敦银与美元指数相关系数为0.626

3. 原油价格的影响因素分析

（1）原油价格正向影响因素top3：粮食价格、黄金价格、美国消费物价指数

对原油价格产生显著正向影响的三大因素依次为粮食价格、黄金价格和美国消费物价指数。原油价格与其重要正向影响因素的相关性分析见表24。

表24　原油价格与其重要正向影响因素的相关性分析

影响因素	样本量	相关系数	重要程度排序	数据来源及其说明
粮食价格	192	0.855**	1	粮食价格采用联合国粮农组织月度报告谷物价格指数，原油价格采用OPEC月报WTI原油价格月均价，数据范围为2001M1 ～ 2016M12
黄金价格	4 043	0.696**	2	黄金价格采用伦敦金日收盘价，原油价格采用纽约商品交易所WTI原油连续合约CHCO日收盘价，数据范围为2001/1/2 ～ 2016/12/30，剔除数据无法匹配的日期
美国消费物价指数	191	0.636**	3	美国消费物价指数采用美国劳工部官网公布的非季调月度数据，原油价格采用OPEC月报WTI原油价格月均价，数据范围为2001M1 ～ 2016M11

注：**表示通过1%的显著性水平。

粮食价格对原油价格产生重要影响，谷物价格指数与WTI原油价格的相关系数为0.855，为油价的第一重要影响因素。粮食诸如玉米、油料作物等是生产生物燃料的原料，而生物燃料基本上是和油价同增减的，用作生物燃料的粮食作物多了，其他食用的粮食就会减少，从而带动粮食价格的上涨。如图16所示，WTI原油连续与谷物价格指数基本同增

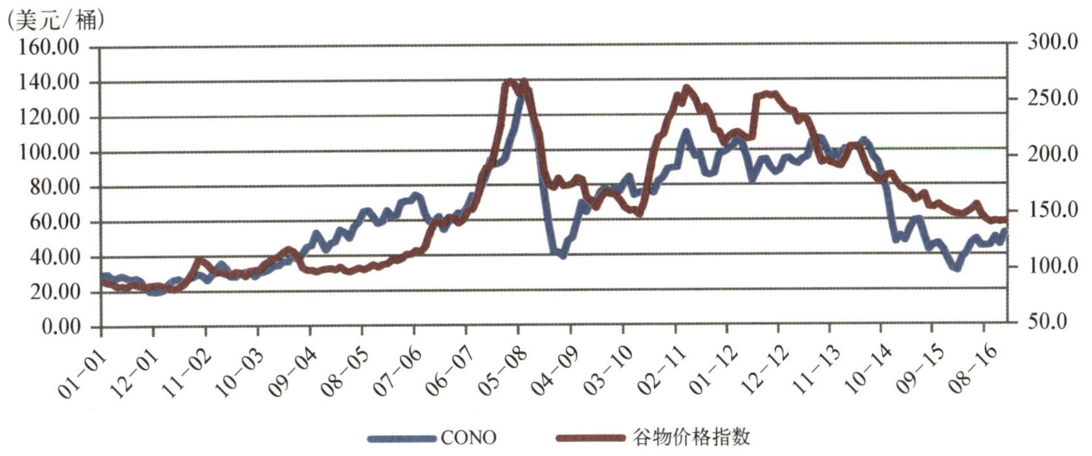

注：粮食价格采用联合国粮农组织月度报告谷物价格指数，原油价格采用OPEC月报WTI原油价格月均价，数据范围为2001M1 ～ 2016M12。

图16　2001 ～ 2016年WTI原油连续与粮食价格指数相关系数为0.855

减,高低点相互对应。

黄金价格对原油价格产生重要影响,伦敦金与WTI原油连续的相关系数为0.696,为原油价格的第二影响因素。国际黄金与原油均以美元计价,决定了两者具有很大的联系。如图17所示,两者的走势基本吻合。

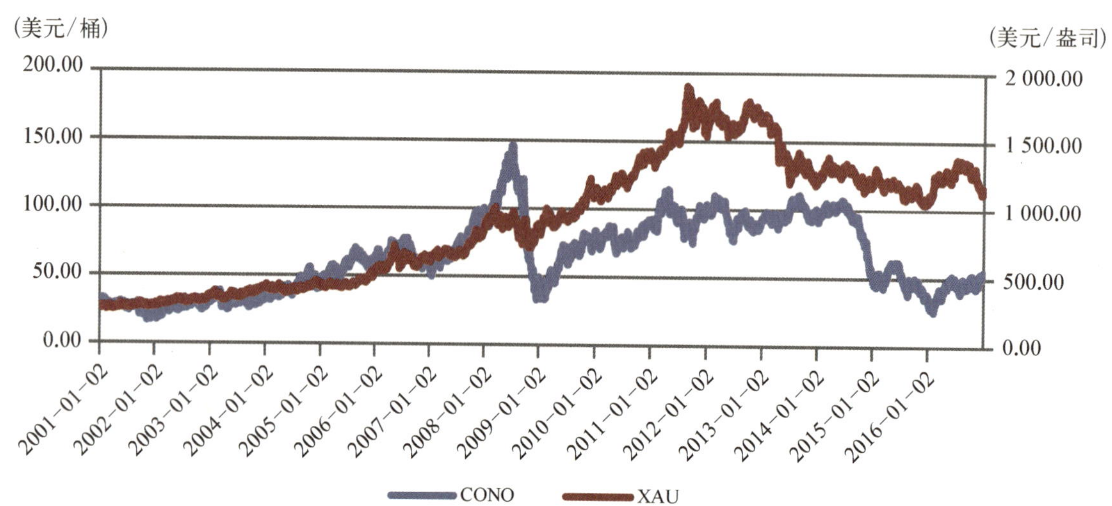

注:黄金价格采用伦敦金日收盘价,原油价格采用纽约商品交易所WTI原油连续合约CHCO日收盘价,数据范围为2001/1/2～2016/12/30,剔除数据无法匹配的日期。

图17　2001～2016年WTI原油连续与伦敦金相关系数为0.696

美国消费物价指数从一定程度上反映了美国通货膨胀率的高低,实则是通过美元来进行影响的。通货膨胀率越高,说明美元会贬值,以美元计价的原油就会变得昂贵。美国消费物价指数与WTI原油价格的相关系数为0.696,为原油价格的第三影响因素。如图18所

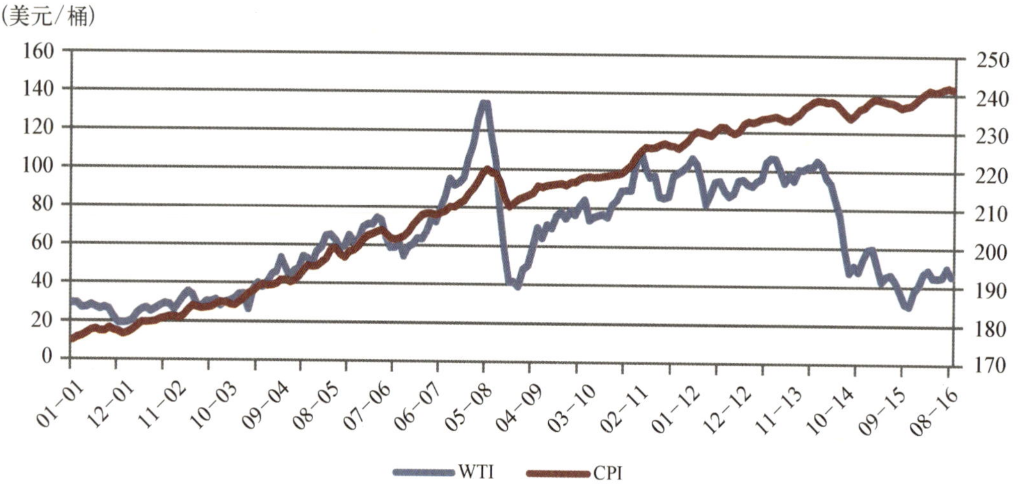

注:美国消费物价指数采用美国劳工部官网公布的非季调月度数据,原油价格采用OPEC月报WTI原油价格月均价,数据范围为2001M1～2016M11。

图18　2001M1～2016 M11WTI原油与美国消费物价指数相关系数为0.636

示，美国消费物价指数不断攀升，在2011年之前的走势与WTI原油价格完全一致，后续年份尽管有一定的偏差，但丝毫不影响两者之间的强正向关联性。

（2）原油价格负向影响因素top3：美元指数、消费者信心指数、美国十年期国债收益率

影响原油价格的三大重要影响因素分别是美元指数、消费者信心指数和美国十年期国债收益率。原油价格与其重要负向影响因素的相关性分析见表25。

表25　原油价格与其重要负向影响因素的相关性分析

影响因素	样本量	相关系数	重要程度排序	数据来源及其说明
美元指数	4 048	−0.820**	1	美元指数采用日收盘价格，原油价格采用纽约商品交易所WTI原油连续合约CONO日收盘价，数据范围为2001/1/2～2016/12/30，剔除数据无法匹配的日期
消费者信心指数	191	−0.602**	2	消费者信心指数采用密歇根大学官网公布的消费者信心指数月度数据，原油价格采用OPEC月报WTI原油价格月均价，数据范围为2001M1～2016M11
十年期国债收益率	4 022	−0.377**	3	美国十年期国债收益率采用Investing.com公布的日收盘价格，原油价格采用纽约商品交易所WTI原油连续合约CONO日收盘价，数据范围为2001/1/2～2016/12/30，剔除数据无法匹配的日期

注：**表示通过1%的显著性水平。

美元指数对原油价格产生重要影响，其与油价的相关系数为−0.820，为影响油价的第一重要因素。美元指数与油价负相关。显而易见，国际原油是以美元计价，美元越值钱，在其他因素不变时，单位美元能够买的原油就越多。如图19所示，美元指数走弱往往是WTI原油价格上涨之时，两者的高点与低点相对应。当然，其也存在同涨或同跌的情况，如受美

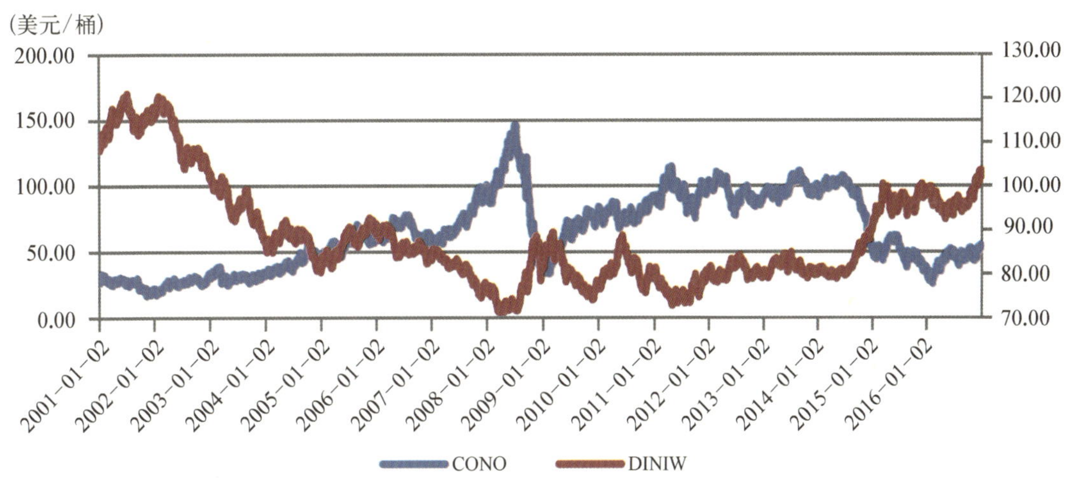

注：美元指数采用日收盘价格，原油价格采用纽约商品交易所WTI原油连续合约CONO日收盘价，数据范围为2001/1/2～2016/12/30，剔除数据无法匹配的日期。

图19　2001～2016年WTI原油价格与美元指数相关系数为−0.820

联储加息和OPEC减产的双重影响，美元指数快速拉升，油价仅缓慢上涨。

美国消费者信心指数是民众对美国经济运行的预期，当其预期经济向好，就会勇于消费和投资，美元将会走强。如图20所示，2008年5月的WTI原油价格上涨和密歇根大学消费者信心指数大跌相对应，近3年来WTI原油价格下跌和消费者信心指数上行相对应。

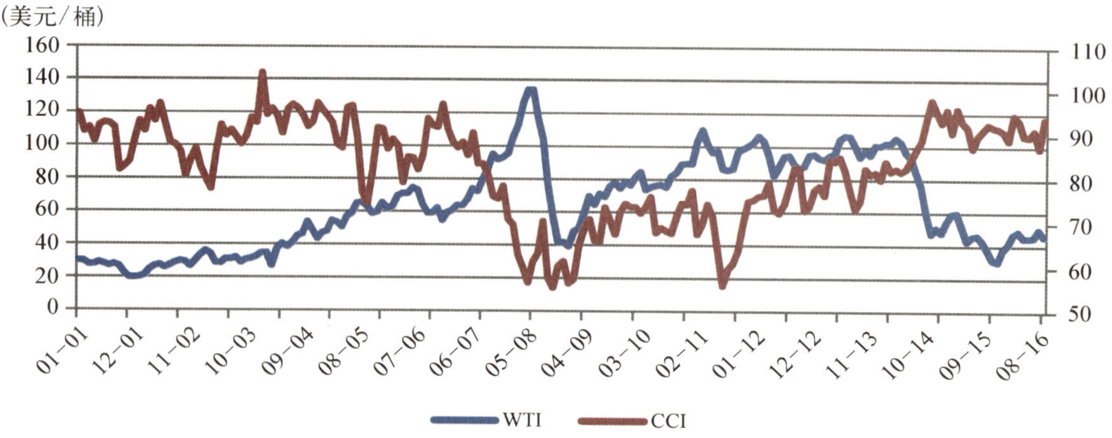

注：消费者信心指数采用密歇根大学官网公布的消费者信心指数月度数据，原油价格采用OPEC月报WTI原油价格月均价，数据范围为2001M1～2016M11。

图20　2001M1～2016 M11 WTI原油与密歇根大学消费者信心指数相关系数为−0.602

美国十年期国债收益率对原油价格产生较重要的影响，WTI原油连续与其相关系数为−0.377，为影响油价的第三负向影响因素。国债收益率对油价的影响也是通过美元产生作用的，国债收益率越高，从而鼓励储蓄，压缩美元的流动性，油价下跌。如图21所示，2011～2014年美国实行宽松的货币政策，美国十年期国债收益率不断走低，而油价在这一

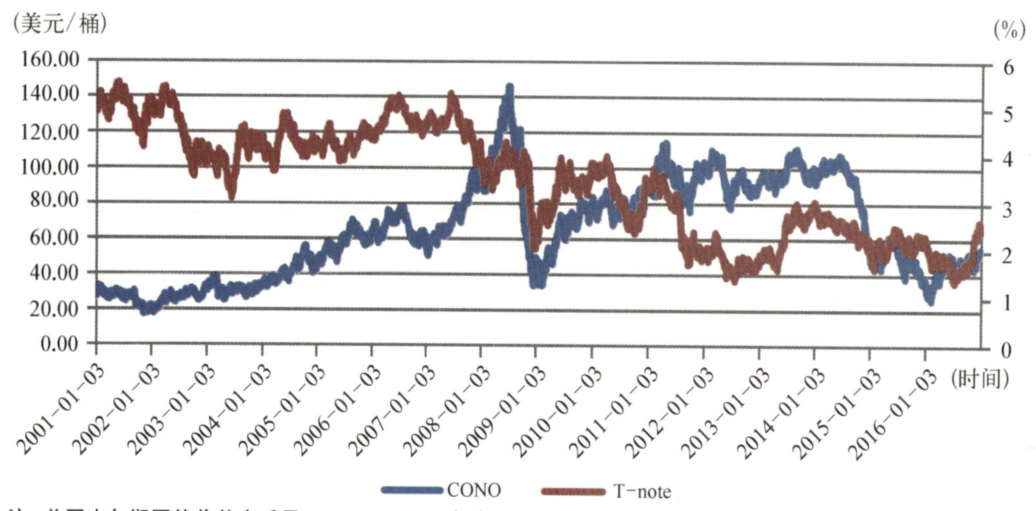

注：美国十年期国债收益率采用Investing.com公布的日收盘价格，原油价格采用纽约商品交易所WTI原油连续合约CHCO日收盘价，数据范围为2001/1/2～2016/12/30，剔除数据无法匹配的日期。

图21　2001～2016年WTI原油连续与美国十年期国债收益率的相关系数为−0.377

段是震荡上行的。

4. 铜价格的影响因素分析

（1）铜价格正向影响因素top3：原油价格、黄金价格、美国消费物价指数

影响铜价格的三大正向重要影响因素分别为原油价格、黄金价格和美国消费物价指数。铜价格与其重要正向影响因素的相关性分析见表26。

表26　铜价格与其重要正向影响因素的相关性分析

影响因素	样本量	相关系数	重要程度排序	数据来源及其说明
原油价格	3 633	0.886**	1	原油价格采用纽约商品交易所WTI原油连续合约CHCO日收盘价，铜价格采用伦敦A级铜现日收盘数据，数据范围为2001/02/19～2016/12/30，剔除数据无法匹配的日期
黄金价格	3 711	0.792**	3	黄金价格采用伦敦金日收盘价，铜价格采用伦敦A级铜现日收盘数据，数据范围为2001/02/19～2016/12/30，剔除数据无法匹配的日期
美国消费物价指数	190	0.730**	3	美国消费物价指数采用美国劳工部官网公布的非季调月度数据，铜价采用伦敦A级铜现日收盘数据月度平均，数据范围为2001M1～2016M11

注：**表示通过99%的显著性水平。

原油价格是影响铜价格的第一重要正向因素，其与铜价格的相关系数高达0.886。一方面，原油和铜均是国际重要的原材料，其需求状况从一定程度上反映出世界经济运行的好坏；另一方面，铜的金属属性能够对抗通胀，而原油价格与通胀息息相关。如图22所示，

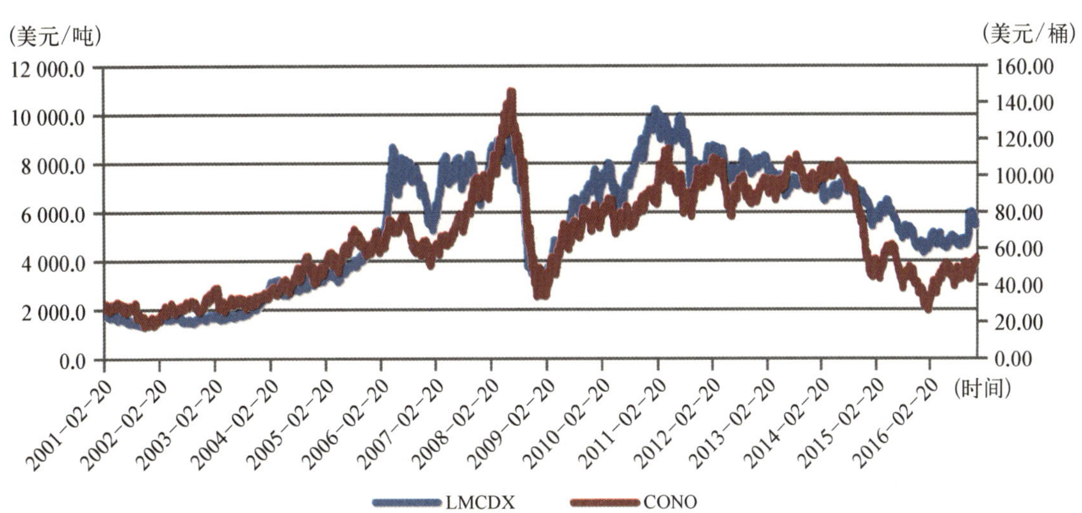

数据来源：原油价格采用纽约商品交易所WTI原油连续合约CHCO日收盘价，铜价格采用伦敦A级铜现日收盘数据，数据范围为2001/02/19～2016/12/30，剔除数据无法匹配的日期。

图22　2001～2016年伦敦铜现与WTI原油连续相关系数为0.886

铜价走势与油价走势高度一致，铜价的冲高回落伴随着油价的变化。2016年4月，铜价走势就是国际原油冻产会议作用的效果，随着油价的反弹，铜价也有所上涨。

黄金价格对铜价产生重要影响，伦敦金与伦敦铜现的相关系数为0.792，为铜价格的第二重要正向影响因素。首先，金与铜均以美元计价，决定了两者具有很大的联系。其次，作为实物资产，两者均有抗通胀性。如图23所示，两者的走势基本吻合。

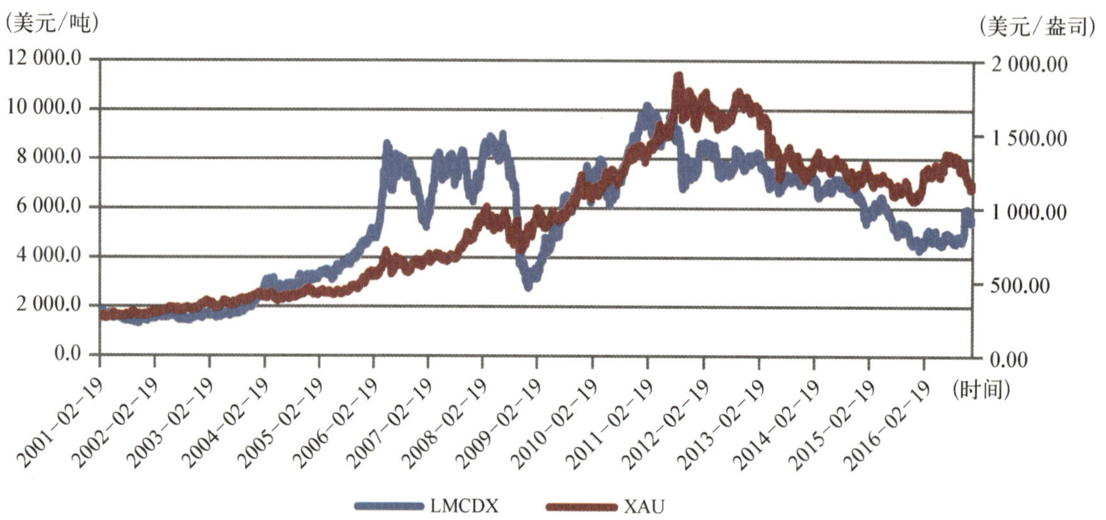

数据来源：黄金价格采用伦敦金日收盘价，铜价格采用伦敦A级铜现日收盘数据，数据范围为2001/02/19 ～ 2016/12/30，剔除数据无法匹配的日期。

图23　2001 ～ 2016年伦敦铜现与伦敦金相关系数为0.792

美国消费物价指数衡量了美国通货膨胀率的高低，其与伦敦A级铜现的相关系数为0.730，为铜价的第三正向影响因素。如图24所示，美国消费物价指数不断攀升，在2011年

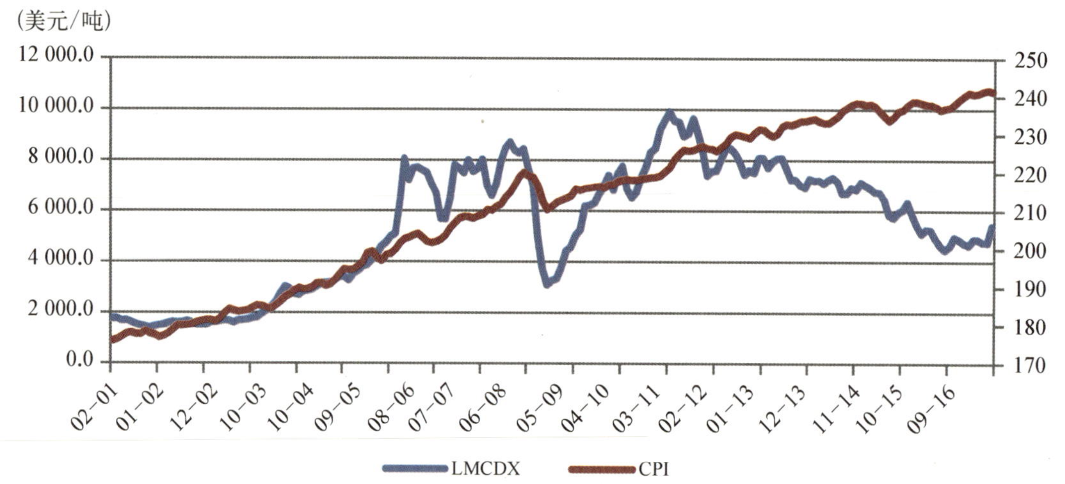

数据来源：美国消费物价指数采用美国劳工部官网公布的非季调月度数据，铜价采用伦敦A级铜现日收盘数据月度平均，数据范围为2001M1 ～ 2016M11。

图24　2001M1 ～ 2016 M11伦敦铜现与美国消费物价指数相关系数为0.730

之前走势与伦敦A级铜现完全一致，后续年份尽管有一定的偏差，但丝毫不影响两者之间的强正向关联性。

（2）铜价格负向影响因素top3：美元指数、密歇根大学消费者信心指数和美国十年期国债收益率

影响铜价格的三大负向重要影响因素分别为美元指数、密歇根大学消费者信心指数和美国十年期国债收益率。铜价格与其重要负向影响因素的相关性分析见表27。

表27　铜价格与其重要负向影响因素的相关性分析

影响因素	样本量	相关系数	重要程度排序	数据来源及其说明
美元指数	3 710	−0.787	1	美元指数采用日收盘价格，铜价格采用伦敦A级铜现日收盘数据，数据范围为2001/02/19～2016/12/30，剔除数据无法匹配的日期
消费者信心指数	190	−0.505	2	消费者信心指数采用密歇根大学官网公布的消费者信心指数月度数据，铜价采用伦敦A级铜现日收盘数据月度平均，数据范围为2007M12～2016M11
十年期国债收益率	3 629	−0.454**	3	美国十年期国债收益率采用Investing.com公布的日收盘价格，铜价格采用伦敦A级铜现日收盘数据，数据范围为2001/02/19～2016/12/30，剔除数据无法匹配的日期

注：**表示通过1%的显著性水平。

美元指数是影响铜价的第一负向重要因素，其与伦敦A级铜现的相关系数为−0.787。美元是国际铜的计价单位，两者负相关显而易见。如图25所示，历年美元指数的下跌往往伴随铜价的冲高；反之亦然。然而受2016年年末特朗普当选和美联储加息的双重影响，美

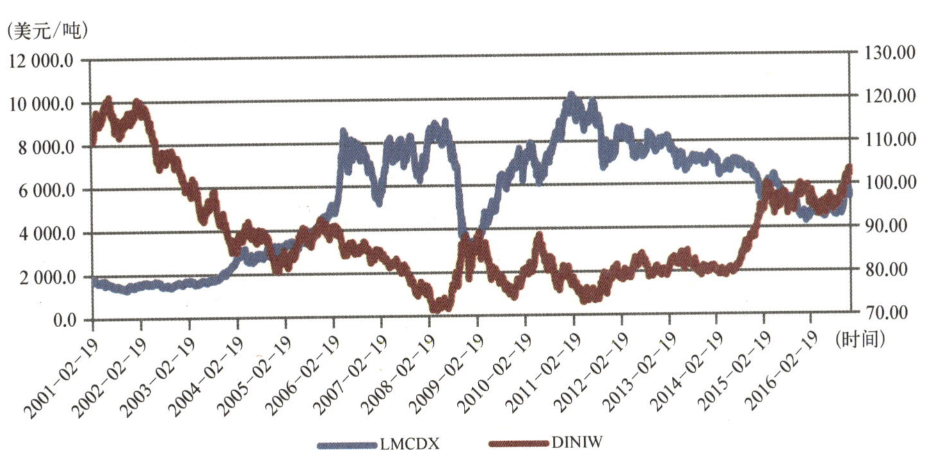

数据来源：美元指数采用日收盘价格，铜价格采用伦敦A级铜现日收盘数据，数据范围为2001/02/19～2016/12/30，剔除数据无法匹配的日期。

图25　2001～2016年伦敦铜现与美元指数相关系数为−0.787

元和铜价齐涨。

密歇根大学消费者信心指数对铜价产生重要负向影响，其与伦敦铜现相关系数为−0.505。消费者信心指数向好，表明民众更加乐于投资和消费，从而推高美元、打压铜价。如图26所示，2011年下半年消费者信心指数逐步走高，而伦敦铜现却开始下行。

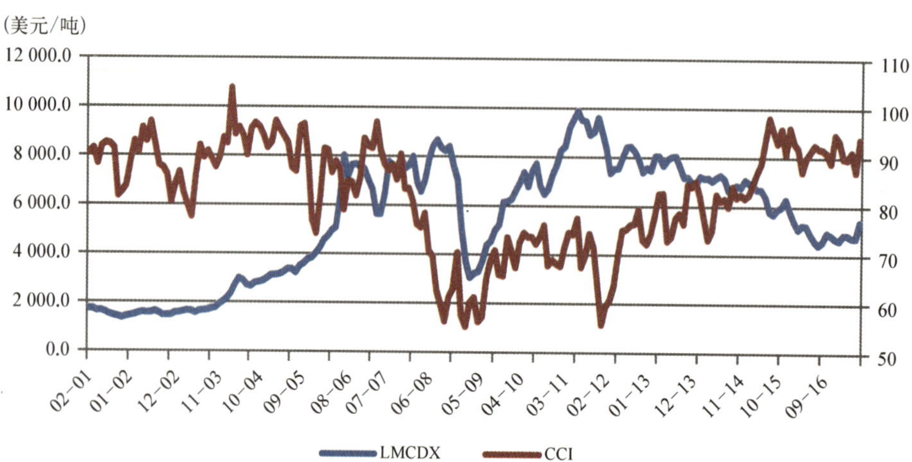

数据来源：消费者信心指数采用密歇根大学官网公布的消费者信心指数月度数据，铜价采用伦敦A级铜现日收盘数据月度平均，数据范围为2007M12～2016M11。

图26　伦敦铜现与密歇根大学消费者信心指数相关系数为−0.505

美国十年期国债收益率是投资的机会成本，其与伦敦铜现的相关系数为−0.454。美国十年期国债收益率走高，投融资的成本增大，抑制了需求，进而打压铜价。如图27所示，除在2008～2009年情况较特殊外，两者呈现一定的负相关走势。美国2016年较好的经济数据在一定程度上推高十年期国债收益率，特别是10月份以来美联储加息的强烈预期，铜价有所下行。

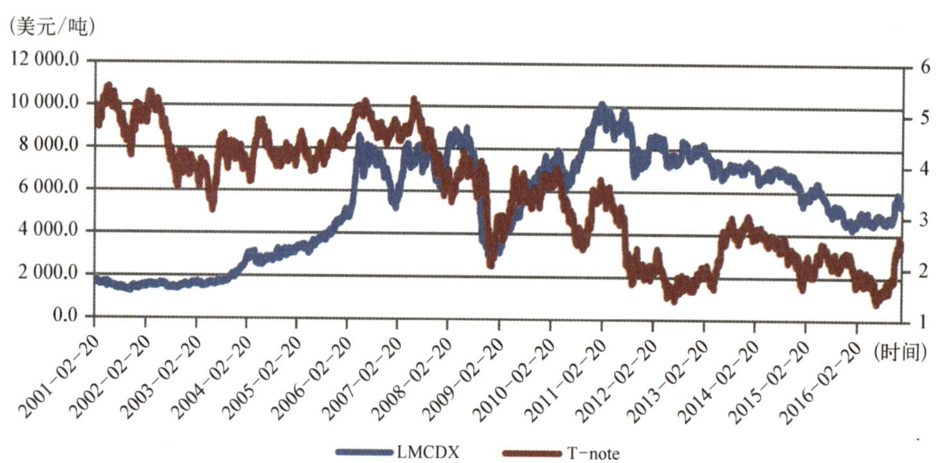

数据来源：美国十年期国债收益率采用Investing.com公布的日收盘价格，铜价格采用伦敦A级铜现日收盘数据，数据范围为2001/02/19～2016/12/30，剔除数据无法匹配的日期。

图27　2001～2016年伦敦铜现与美国十年期国债收益率相关系数为−0.454